영적 순례자들을 위한 40일 묵상

기도하며 함께 걷는
족장의 길

Forty day Meditations for Spiritual Pilgrims

도서출판사 **TOBIA**

강신덕 목사는
서울신학대학교와 캐나다 밴쿠버 리젠트 칼리지에서 기독교교육과 제자훈련을 공부하고 기독교대한성결교회 총회 교육국에서 오랫동안 성서교재 만드는 일에 헌신했다. 현재는 샬롬교회 책임목사로 사역하고 있으며, 토비아선교회에서 순례와 말씀 아카데미 그리고 콘텐츠 선교로 헌신하고 있다. 그 외에 다양한 번역과 저술 활동에도 힘쓰고 있다. 저서로는 『성경여행』, 『예수의 길』, 『바울의 길』, 『갈릴리의 길』, 『이방의 길』, 『광야의 길』, 『요한의 길』, 『결실』, 『이 사람을 보라』, 『라헬의 눈물』, 『하나님의 어린양』 등이 있다. 번역서로는 『내향적인 그리스도인을 위한 교회 사용 설명서』(2022. IVP)가 있다.

영적 순례자들을 위한 40일 묵상
기도하며 함께 걷는 족장의 길
Forty day Meditations for Spiritual Pilgrims

1판 1쇄 2025년 2월 5일

저자_강신덕
편집_정부선
디자인_정부선
펴낸이_강신덕
펴낸곳_도서출판 토비아
등록_107-28-69342
주소_03383) 서울특별시 은평구 은평로 21길 31-12, 4층
　　　T 02-738-2082 F 02-738-2083

ISBN: 979-11-91729-30-6　03230
책값은 뒤표지에 있습니다. 무단 전제와 복제를 금합니다.
* 도서출판 토비아는 토비아선교회가 순례, 말씀사역, 콘텐츠선교를 위해 세운 출판브랜드입니다.

영적 순례자들을 위한 40일 묵상

기도하며 함께 걷는
족장의 길

Forty day Meditations for Spiritual Pilgrims

도서출판 **TOBIA**

"족장의 길" 묵상집은
순례하는 마음으로 믿음의 길을 가는 여러분을 위해 만들었습니다.

1. 일상에서 순례자로 말씀 묵상을 원하시는 분들에게 40일간의 묵상을 권합니다.
2. 족장들의 배경이 되는 튀르키예 동부지역 순례를 계획하신다면
   이 묵상집과 함께 순례의 길을 떠나시기 바랍니다.
3. 사순절과 고난주간 그리고 부활절을 묵상하며 보내는 자료로 활용하실 수 있습니다.
4. 공동체의 의미 있는 기도와 말씀 나눔에 활용하셔도 좋습니다.

시각장애인을 위한 AL-소리도서관 이용

이 책은 시각장애인을 위한 사역단체, 에이엘미니스트리와의 협력으로
모든 텍스트를 시각장애인을 위한 소리로 제공합니다.
www.alsori.org

토비아선교회 유튜브채널

토비아건교회는 토비아 유튜브채널을 통해 다양한 신앙콘텐츠를 제작하여 업로드하고 있습니다. 아래 QR코드를 스마트폰 카메라로 스캔하시면 토비아 유튜브채널에서 제공하는 다양한 영상 콘텐츠를 시청할 수 있습니다.

랜선순례 콘텐츠는 토비아선교회가 제작하여 유튜브채널을 통해 공개한 영상 성지순례입니다. 예수님께서 사역하신 역사와 지리, 그 현장의 이야기와 깊은 묵상의 주제를 함께 나눕니다.

토비아선교회
유튜브채널

토비아선교회
랜선순례콘텐츠

토비아선교회
홈페이지

Prologue 하나님의족장들, 신앙의 바른 길을 연 사람들   07

지음 받은 길
01 하나님이 지으셨다 창세기 1장 1절   25
02 피조물을 든든하게 창세기 1장 1~25절   28
03 안식하시다 창세기 2장 1~3절   31
04 존귀한 사람 창세기 1장 26~31절   34
05 하나님의 동산지기 창세기 2장 7~17절   37
06 에덴에서 흘러나와 창세기 2장 10~14절   40
07 돕는 베필 창세기 2장 18~25절   43
08 유혹과 불순종 창세기 3장 1~6절   46
09 죽음을 직면하다 창세기 3장 8~13절   49
10 징계받고 쫓겨나다 창세기 3장 14~24절   52

타락과 불순종의 길
11 덧없이 수고하는 삶 창세기 3장 20~24절   57
12 생육하고 번성하는 사명 창세기 4장 1~2절   60
13 가인, 더욱 멀어지다 창세기 4장 3~17절   63
14 죄악으로 가득한 세상 창세기 4장 18~24절   66
15 무너지는 하나님의 사람들 창세기 6장 1~4절   69
16 하나님의 머뭇거리는 심판 창세기 6장 5~8절   72
17 죄가 다시 싹을 틔우다 창세기 9장 19~29절   75
18 시날에서 하나님께 도전하다 창세기 11장 1~5절   78
19 악한 마음으로 흩어지다 창세기 11장 5~9절   81
20 가인의 계보 창세기 10장 6~20절   84

믿음과 순종의 길

21	새로운 희망 창세기 4장 25절	89
22	여호와의 이름을 부르다 창세기 4장 26절~5장 11절	92
23	하나님이 데려가시다 창세기 5장 11절~24절	95
24	하나님의 구원을 경험하다 창세기 6장 8절~10절	98
25	구원의 방주 창세기 6장 14~22절	101
26	하나님의 약속과 새로운 사명 창세기 8장 15~22절	104
27	세상으로 사명으로 창세기 10장 24절	107
28	세상 가운데 살아가기 창세기 10장 25~30절	110
29	거류하는 땅 우르 창세기 11장 26~29절	113
30	생명 결핍을 경험하다 창세기 11장 29~32절	116

기도하며 걷는 길

31	본토 친척 아비집을 떠나라 창세기 12장 1~4절	121
32	다시 거대한 도시로 창세기 12장 10절~13장 2절	124
33	세상 속 겸손한 여행자 창세기 14장 17~24절	127
34	거기서 제단을 쌓다 창세기 13장 18절	130
35	믿음으로 웃다 창세기 21장 1~8절	133
36	하갈과 이스마엘을 어찌할까 창세기 21장 9~21절	136
37	조심스럽게 자기 것을 얻다 창세기 21장 22~34절	139
38	침묵의 순종으로 아들을 바치다 창세기 22장 1~22절	142
39	돕는 베필 사라가 죽다 창세기 23장 1~20절	145
40	이삭과 리브가: 새로운 희망 창세기 24장 61~67절	148

Epilogue 믿음으로 그 길을 따르다 히브리서 11장 8~10절　　　151

Forty day Meditations for Spiritual Pilgrims

Prologue

Prologue

하나님의 족장들,
신앙의 바른 길을 연 사람들

여호와께서 아브람에게 이르시되
너는 너의 고향과 친척과 아버지의 집을 떠나
내가 네게 보여 줄 땅으로 가라
내가 너로 큰 민족을 이루고 네게 복을 주어
네 이름을 창대하게 하리니 너는 복이 될지라
너를 축복하는 자에게는 내가 복을 내리고
너를 저주하는 자에게는 내가 저주하리니
땅의 모든 족속이 너로 말미암아 복을 얻을 것이라
창세기 12장 1~3절

주전 586년, 하나님의 이스라엘 백성은 세상 도시 바벨론Babylon으로 끌려갔습니다. 팔레스타인의 8백 미터 산지 위에서 그들만의 도시와 그들만의 성전을 중심으로 살아가던 하나님의 백성은 끌려간 도시 바벨론에서 온갖 것들을 만나고 경험했습니다. 그들이 살던 산골 같은 유다산지 예루살렘에 비해 유프라테스 중하류 널찍한 사통팔달 들판에 들어선 바벨론은 거대했습니다. 도시는 사람들이 만든 것이 분명한 운하들로 둘러 쌓여있었습니다. 도시 면적은 주변부를 포함 거의 300만 평에 달했고 도시를 두른 외성벽과 내성벽의 길이만 거의 100킬로미터에 이르렀습니다. 성벽도 거대해서 높이가 약 24미터

에 달했고 크고 작은 성문이 백여 개나 되었고, 그 두께도 엄청나서 성벽 위에서 네 마리 말이 끄는 마차를 타고 달릴 수 있을 정도였습니다. 도시에는 전 세계 나라들로부터 온 사절단의 행렬이 끝없이 이어지는 왕궁과 산악지대로부터 온 왕비를 위해 지었다는 그 유명한 '공중정원'이 있었습니다. 무엇보다 놀라운 것은 에테네만키Etemanki의 위용이었습니다. 높이 50미터를 육박하는 이 거대한 마르둑 신전은 바벨론 여기저기 있었다는 수십 개의 여타 신전과는 비교할 수 없는 규모의 높이와 크기로 바벨론 전체를 그 발 아래 두고 있었습니다. 에테네만키의 거대함과 화려함은 예루살렘 솔로몬의 성전이 비교할 바가 못되었습니다. 바벨론 마르둑 신전은 예루살렘 여호와 하나님 신전을 압도했습니다.

바벨론에 포로로 잡힌 이스라엘 백성은 거의 천 킬로미터에 달하는 고된 행군을 끝내고 거대한 도시 바벨론에 도착했습니다. 바벨론 사람들은 예루살렘에서 온 포로들을 데리고 화려한 도시로 들어갔습니다. 행렬의 맨 앞에는 느브갓네살 왕이 멋진 전차를 타고 있었고 그 다음은 그의 신하들과 장군들이 따랐고, 그리고 예루살렘을 정복하는데 공을 세운 군사들이 뒤를 이었습니다. 포로들은 맨 마지막이었습니다. 모질고 오랜 여행길에 지쳐 있었지만 유다와 예루살렘과의 전쟁에서 승리한 느브갓네살을 축하하는 개선 행렬에서 포로들은 빠질 수 없는 전리품이었습니다. 이스라엘 백성은 밧줄에 줄줄이 묶인 채 바벨론 성으로 들어섰습니다. 육중한 외문을 지나니 운하를 연결한 멋진 다리가 나타났습니다. 다리 주변으로 운하를 오가는 배들이 즐비했고 많은 사람들이 서로 물건을 주고받으며 흥정하는 모습이 평화로워 보였습니다. 다리를 지나자 파란색으로 멋진 내성문이 앞에 나타났습니다. 두터운 성벽 사이에 파란색 자기벽돌로 구운 화려한 문이었습니다. 문의 여기저기에는 동물 같기도 하고 사람 같기도 한 생명체들이 채색된 부조로 그려져 있었습니다. 바벨론의 신들을 그려둔 것들이라고 사람들이 수군거렸습니다. 바벨론은 신들도 여럿이고 그 신들을 그림이나 부조로 표현하거나 신상으로 세워두기도 한다는 말을 들었습니다. 하나님 한 분만 믿으며 하나님을 위한 신상을 인공으로 만들지 않는 이스라엘 백성으로서는 신기하기도 하고 불경스럽게 느껴지기도 했습니다.

바벨론 성 안에는 많은 시민들이 개선식이 진행되는 거리로 나와 느부갓네살 왕과 그의 군대가 이룬 승전을 축하했습니다. 꽃가루가 뿌려지고 나팔소리가 울려퍼졌습니다. 느부갓네살 왕은 그의 군대와 포로들 그리고 전리품을 이끌고 먼저 전쟁의 여신 이쉬타르Ishtar의 신전으로 향했습니다. 거기서 먼저 유다와의 전쟁을 승리로 이끈 여신에게 감사의 제사를 올렸습니다. 모든 신하들과 장군들 그리고 군사들과 시민들이 왕과 사제들이 행하는 제사 앞에서 머리를 조아리고 엎드렸습니다. 군인들은 포로된 이스라엘 백성에게 신전을 향해 엎드리라고 강요했습니다. 대부분은 무서운 군인들의 위세에 눌려 절을 하거나 그런 시늉이라도 했습니다. 하나님 외에 다른 신에게 절할 수 없다고 버티던 몇몇 제사장들과 사람들은 그 자리에서 끌려 나갔습니다. 그들이 어떻게 되었는지는 아무도 몰랐습니다. 이쉬타르 신전에서 제사를 마친 느부갓네살 왕은 도시를 지키는 몇몇 바벨론 신전을 계속 거치면서 간소한 제사와 제물을 올렸습니다. 느부갓네살과 바벨론 사람들은 그들의 신들에게 신실했고 헌신적이었습니다. 그 모든 신들이 그들의 삶과 전쟁과 모든 것을 굳건하게 지켜주고 있다고 확신하는 듯 했습니다.

그렇게 도시 중심으로 다가갔을 때 이스라엘 백성은 큰 건물 하나

를 마주했습니다. 바벨론 사람들이 주신main deity으로 믿는 위대한 신 마르둑Marduk의 집, 에테네만키 신전이었습니다. 높이가 50미터에 달하는 거대한 신전이었습니다. 주전 6세기 세상에서 이 신전에 비견할만한 건축물은 없었습니다. 피라미드 모양으로 위로 올라갈수록 좁아지는 사각뿔 형태 신전 꼭대기에는 밝게 빛나는 푸른 안료가 발린 벽돌로 된 마르둑의 집이 있었습니다. 그 마르둑의 집은 도시 어디에서나 볼 수 있는 위치에서 바벨론 사람들에게 빛을 비추고 있었습니다. 느부갓네살 왕은 도시의 주신主神 마르둑 신전에 도착해서 전차에서 내린 뒤 신전 앞에 있는 제단에 제물을 바치고 그의 전쟁과 그의 승리를 허락한 마르둑 신에게 감사의 찬사를 올렸습니다. 그때 바벨론의 모든 사람은 포로를 포함해 한결같이 땅에 엎드려 머리를 조아리고 있어야 했습니다. 그리고 "위대한 마르둑 만세"를 수없이 외쳐야 했습니다. 그때 이스라엘 백성을 끌고 다니던 바벨론 군사 하나가 짐짓 거만한 자세로 포로들에게 말했습니다. "너희 예루살렘의 작은 신 여호와 하나님이 우리 바벨론의 위대한 마르둑에게 졌다. 그러니 이제 너희 여호와 하나님을 버리고 마르둑 신을 섬기도록 하라." 이스라엘 백성으로서는 당황스러운 상황이었습니다. 이 현실을 어떻게 받아들여야 할지 알 수 없었습니다.

당황스러운 개선식을 마친 이스라엘 백성은 곧 여러 노역장에 배치되었습니다. 그들이 해야할 일은 성벽을 보수하거나 새로 짓는 일 혹은 그발 강 같은 운하를 새로 파는 일이었습니다. 그들에게는 그발 강 가의 허름한 집들이 거주지로 제공되었습니다. 그들은 거기 허름한 마을에 함께 살면서 낮에는 강제 노역에 시달리고 밤에는 감시 속에 쓰러져 하루를 마감했습니다. 안식일도 허용되지 않았습니다. 하나님을 예배하는 일도 허용되지 않았습니다. 다니엘 같은 몇몇 유능한 젊은이들은 왕궁으로 잡혀가 유대식 이름도 빼앗긴 채 거기서 살면서 바벨론 사람이 되도록 강요 받았습니다. 에스겔 같은 선지자들이 열심히 활동하며 포로된 이스라엘 형제들을 위로하고 힘을 북돋우었지만 소용없는 일이었습니다. 그들은 이제 패배한 유다 백성, 무너진 예루살렘 성 사람들이었고 무엇보다 마르둑 신에게 패배한 여호와 하나님의 사람들이었습니다. 벌써 몇몇은 바벨론 신들을 섬기겠다며 바벨론 사람들에게 빌붙는 경우도 발생했습니다. 제사장들이나 레위인들은 종종 바벨론 사람들에게 끌려가 성전 찬양을 부르도록 강요 받았습니다.시편 137편 바벨론 사람들이 예루살렘 포로들의 노래를 그들 술잔치를 위한 여흥의 도구가 되도록 한 것입니다. 또 어떤 지식인들은 바벨론 사람들의 신들에 관한 이야기를 정리하는 도서관 같은 일터에서 바벨론 지배자들의 신들에 관한 이야기를 들으며 그 목록을 정리하고 그 신들이 한 일들에 관한 이야기를 정리하는 일들에 동원되기도 했습니다. 지식인들 가운데 어떤 이들은 바벨론 사제들에게 끌려가 "바벨론 신 마르둑이 천지를 창조하시고 세상을 다스리는 참 신"이라는 고백을 강요당하기도 했습니다. 그러던 어느 날, 포로된 이스라엘 백성은 안타까운 일을 경험하기도 했습니다. 그들 가운데 몇몇은 마르둑을 비롯한 바벨론 신들을 섬기지 않는다는 이유로 끌려가 고문당하고 결국에는 풀무불에 던져진 것입니다. 하나님께서 살아계시다면 이 모든 일은 있을 수 없는 것들이었습니다. 매일매일 이스라엘 사람들은 절망했고 희망을 잃어갔습니다.

그런데, 그 모든 고통스럽고 절망스러운 시간 속에서 포로된 하나님의 백성들은 전혀 새로운 일들을 구상하고 펼쳐 나갔습니다. 그들은 예루살렘 성전이 아닌 포로된 현실의 한 구석에서도 얼마든지 하나님을 예배할 수 있다는 깨달음을 얻었습니다. 그들은 곧 모이기 시작했습니다. 바벨론 사람들의 감시와 눈총을 피해야 하는 비밀스러운 회합이었습니다. 거기 작은 예배 모임에서 하나님의 백성 몇몇은 예루살렘으로부터 가져 온 '성경'을 조심스레 펼쳐 읽었습니다. 이스라엘 하나님의 백성은 포로로 잡혀온 땅에서 전혀 다른 감각과 생각으로 그들의 '성경'을 접했습니다. 이전에는 가볍게 읽히고 별 뜻 없이 보이던 구절들이 바벨론 땅에서는 전혀 새로운 의미로, 뜻으로 그리고 교훈으로 그들에게 다가왔습니다. 대표적인 것이 창세기 1장의 하나님 세상 창조 이야기였습니다. 하나님 창조 이야기는 포로로 살며 들어온 바벨론 신들의 세상 창조와는 완전히 다른 것이었습니다. 하나님께서는 바벨론 신들과 달리 신들의 거주지로 세상 만물을 창조하지 않으셨습니다. 하나님께서는 세상 모든 만물을 당신이 피조된 생명이 거주하는 곳으로 지으셨습니다. 또 신들의 노역을 대신할 대체제로 인간을 지었다는 황당한 바벨론 인간 창조 이야기와 달리 하나님께서는 당신의 세상 사역을 함께 하는 동역자, 당신의 형상을 이어받은 존재로 인간을 만드셨습니다.

바벨론 포로된 하나님 백성의 성경읽기는 계속됩니다. 창세기 6장을 넘어 12장 이후 홍수 이야기와 족장들의 이야기들입니다. 이스라엘 백성의 창세기 하나님은 바벨론 사람들의 신들과 달리 인간을 귀찮아 하지 않으시고 인간 절멸을 즐기지도 않으셨습니다. 창세기 하나님은 홍수 심판의 시간 내내 징계보다는 구원의 은혜에 초점을 맞추셨고 한 번 심판하신 세상과 피조물을 다시는 같은 방식으로 심판하지 않겠다고 선언하기도 하셨습니다. 그리고 무엇보다 하나님께서는 당신의 구원의 은혜를 끼치고 전할 사람으로서 몇몇을 죄가 여전한 세상 가운데 선택하시고 그들과 그들의 후손에게 하나님 구속 사역에 동행하도록 이끄셨습니다. 그들이 바로 우리의 묵상 주인공 족장들입니다. 노아와 셈의 계보 가운데 나타난 아브라함과 그 아들 이삭 그리고 야곱과 그 아들들의 계보입니다. 바벨론의 포로된 이스라엘 백성은 그들의 조상 아브라함의 계보가 어떻게 아담으로부터 시작되었고 어떻게 노아와 셈을 통해 아브라함에게 이어지게 되었는지에 관해 진지하게 읽어내려가기 시작했습니다. 그리고 그 모든 계보

이야기에서 한 가지 중요한 주제를 끄집어냈습니다. 하나님의 세상 구원을 위한 사역에는 하나님의 백성 계보의 '신실한 여행과 삶'이 포함되어 있다는 것입니다. 그들은 아담 이래 가인과 라멕, 함과 니므롯으로 이어지는 악한 계보와 대립하는 지점에 서서 세상 악이 질병처럼 창궐한 가운데 하나님의 '생육하고 번성하는' 믿음의 계보를 이어갔습니다. 셋으로부터 에녹, 노아로 이어지고 노아로부터 에벨과 벨렉 그리고 데라와 아브라함으로 이어지는 믿음의 계보는 결코 가인과 함의 계보를 힘으로 권세로 압도한 적이 없었습니다. 그러나 그들은 가인과 함의 계보가 죄와 악을 번성하게 하는 세상 가운데를 믿음의 의의 길로 질러 하나님의 약속과 축복을 향해 여행하는 사람들로 살았습니다.

바벨론 이스라엘 백성은 성경 창세기의 계보가 중요하다는 것을 깨달았습니다. 그들은 비록 하나님 앞에 불순종해 범죄하고 그 벌로 끌려온 땅이지만 바벨론의 현실이야 말로 그들 조상들, 셋과 셈의 계보가 살아온 삶이라는 것을 깨달았습니다. 셋이 가인과 라멕의 현실을 살았듯, 셈과 아브라함은 함과 니므롯의 현실을 살아갔습니다. 그리고 이어서 이스라엘 자손은 가인과 함의 계보를 잇는 애굽의 어려운 현실을 살다가 하나님의 구원을 경험했습니다. 이제는 바벨론의 현실을 살아가는 포로된 이스라엘 백성 차례였습니다. 바벨론 땅에서 여러 가지 시험과 어려움을 경험하며 살아가는 아브라함의 자손 이스라엘 백성은 그 땅에서 하나님 백성으로서 신앙을 지키며 그 신실한 삶을 이어가야 합니다. 그러다 어느 순간 하나님께서 아브라함을 부르셨듯, 족장들을 부르셨듯, 그리고 애굽의 선조들을 부르셨듯, 그들을 구원으로 부르실 때 그 땅을 벗어나 하나님께서 약속하신 땅, 축복이 흐르는 땅으로 돌아가는 것이 그들에게 주어진 미래입니다.

이 깨달음은 결국 그들의 영적 선배들, 하나님의 백성 계보에 관한 신실한 성경읽기를 통해 주어진 것입니다. 포로된 현실의 이스라엘 백성은 그 고통스럽고 절망스러운 땅, 가인과 함의 자손이 번성하는 바벨론에서 하나님 백성으로서 성경 읽기를 통해 유일한 한 분 하나님에 대한 신앙, 그 분의 창조와 섭리와 구원의 의미를 다시 한번 깨달았습니다. 바벨론의 이스라엘 백성은 이제 세상에 포로된 현실에도 불구하고 하나님 백성으로서 알아야 할 것, 하나님 백성으로서 가져야 할 것, 하나님 백성으로서 소망해야 할 것을 분명히 품고 불의한 세상 가운데 신실한 삶을 새롭게 시작합니다. 그리고 그들의 성경 읽기는 구약 포로기를 거쳐 신약 시대 예수님의 사역과 제자 및 교회의 사역으로 확대되고 심화되어 오늘에 이릅니다.

포로기를 거쳐 신약시대로 접어들면서 하나님의 백성의 성경읽기는 중요한 주제 포인트를 갖게 되었습니다. 하나님의 세상으로부터 부르심과 하나님의 세우심 그리고 하나님의 세상으로 다시 보내심이 그것입니다. 하나님 백성의 창세기로부터 시작하는 성경읽기는 하나님의 창조와 인간의 타락 가운데 하나님의 구원이 어떻게 실현되고, 하나님의 백성으로 세우시는 일들이 어떻게 일어나는지, 그리고 하나님의 영이 이끄시는 하나님나라로의 인도가 어떻게 발생하는지 가르칩니다.

01

먼저 성경 하나님의 백성은 세상으로부터 끌어내시는 하나님의 부르심을 듣고 온전한 구원의 길을 나섭니다. 하나님께서는 세상을 창조하시고 죄와 악이 관영한 세상으로부터 당신의 백성을 구원으로 부르시고 예수님 십자가 사랑과 은혜 가운데 하나님의 거룩한 백성으로 세우십니다. 무엇보다 하나님께서는 당신의 거룩하신 성령을 더불어 예수님의 십자가 길을 따르도록 하셔서 당신의 백성을 세상 가운데 길을 잃지 않게 하시는 가운데 영원한 하나님 나라로 인도하십니다. 여기서 중요한 것은 하나님의 부르심과 세우심 그리고 보내심에 대한 우리의 응답과 고백 그리고 신실한 여행입니다. 하나님의 부름받은 백성은 그들이 살아가던 삶의 자리, 죄와 악이 관영한 세상 도시로부터 벗어나 낯설고 척박한 광야의 길로 나아갑니다. 그 길은 세상 문명의 이기들이 가득한 도시의 삶과 비교해 불편하고 어렵습니다. 그러나 하나님의 백성은 죄가 가득한 편리한 세상보다는 불편하지만 구원의 은혜를 감사하며 하나님을 예배하는 광야 구원의 길을 더 선호합니다. 셋과 에노스가 그랬고 노아의 아들 셈과 아브라함이 그랬습니다. 그들이 후손 이삭과 야곱도 그 구원의 길을 걸었습니다. 출애굽한 이스라엘 자손이 그랬으며 예수님과 예수님의 제자들이 그랬습니다. 성경 아브라함을 비롯한 족장의 길로부터 비롯한 부르심 받은 길 위에 선 하나님의 백성은 한결같이 광야길을 힘들고 어려운 길이 아닌 기쁨의 구원의 길로 여깁니다.

02

또한 성경 하나님의 백성은 하나님께서 거룩한 산에서 당신의 신실한 사람으로 세우시는 헌신과 은혜의 시간을 기립니다. 하나님의 부름받은 백성은 광야 구원의 길을 걸으며 하나님의 온전하게 세우시는 때를 기다립니다. 하나님께서 거룩한 하나님의 백성으로 세우시는 그 때는 하나님의 거룩한 성산에서 실현될 것입니다. 그곳에서 하나님께서는 그 길을 걷는 백성의 헌신의 결단 가운데 당신의 백성을 영원한 하나님의 통치 가운데 세상을 향한 하나님의 거룩한 백성으로 세우실 것을 약속하십니다. 여기서 중요한 것은 하나님 백성의 헌신의 결단입니다. 그들은 거기 하나님을 향해 차린 거룩한 제단에서 세상 신들이 아닌 오직 하나님만을 섬기겠다고 결단하며 자기 가장 중요한 것들을 내려놓고 그것을 하나님께 드리는 참된 예배를 드립니다. 그때 하나님께서는 그 산에서 당신 백성의 예배를 받으시고 그들을 당신의 백성으로 굳건하게 세우시며 세상을 향한 당신의 창조 사명과 구원 사명을 함께하고 도울 당신의 사람들로 세우십니다. 우리는 이런 헌신의 결단과 하나님의 축복의 약속이 창세기 내내, 셋과 에노스에게서, 에녹과 노아에게서, 셈과 아브라함에게서 이어져 왔음을 발견합니다. 특히 아브라함은 자신의 아들 이삭을 하나님의 거룩한 산 모리아에서 바치면서 하나님을 향한 굳건한 믿음의 헌신을 결단했습니다. 하나님께서는 그런 아브라함을 기뻐 받으시고 그와 그의 아들 이삭 그리고 그의 자손들이 세상 가운데 하나님의 백성으로 굳건하여 부흥하게 하시는 약속을 내려주셨습니다. 이런 헌신과 결단 그리고 약속과 축복의 역사는 모세와 이스라엘 자손의 시내산 경험에 이어, 예수님의 십자가 죽으심과 부활을 거쳐 오늘 우리들에게도 중요한 신앙의 길로 이어집니다. 오늘을 살아가는 우리 역시 구원의 은혜로운 광야길을 걸어 하나님의 거룩한 성산에 이르러야 합니다. 그리고 거기 하나님의 거룩한 산에서 우리 자신을 하나님께 드리고 하나님만을 섬길 것을 결단하는 가운데 축복과 사명으로 우리를 세우시는 하나님의 은총을 경험해야 합니다.

03

 마지막으로 성경은 하나님의 백성이 하나님의 세우심 가운데 어떻게 세상 가운데로 축복의 사명을 들고 나아갔는지에 관해 가르칩니다. 하나님께서는 창세기 1장에서 처음 인간을 만드실 때 언급하셨던 축복의 사명을 내려놓지 않으셨습니다. 하나님께서는 아담을 비롯한 인간을 창조하시면서 그들에게 당신의 형상을 내려주시고 당신의 형상을 따라 세상 가운데서 하나님께서 맡겨주시는 사명을 감당하는 가운데 '생육하고 번성하며 땅에 충만하며 그 땅을 다스리라'고 명령하십니다.창 1:28 하나님께서는 이 축복의 약속과 사명 부여의 사역을 결코 내려놓지 않으셨습니다. 하나님께서는 가인과 아벨을 대신하여 아담의 계보를 잇는 셋과 그 자손에게도, 노아 이후 셈으로, 그리고 아브라함으로 이어지는 계보에서도 당신의 축복어린 사명 부여의 사역을 계속 이어가셨습니다. 하나님께서는 당신의 부르심을 받아 세움 받은 믿음의 계보를 계속 세상으로 보내시며 세상 가운데 믿음의 계보가 생육하여 번성하도록 하십니다. 하나님의 보내심을 받은 아브라함과 같은 이들이 세상 가운데로 나아가 하나님의 창조 사명을 다하면서 구원의 전도자 역할을 수행하는 가운데 하나님을 믿는 사람들이 크게 부흥하도록 하시는 것입니다. 우리는 셋과 에녹의 계보가 이 사명에 충실했음을 성경 창세기 속에서 읽어야 합니다. 우리는 이런 창조와 구원의 사명이 노아와 아브라함에게서 그리고 그를 잇는 족장들에게서 계속되었음을 읽어야 합니다. 나아가 모세를 통해 구원의 은혜를 누린 이스라엘 자손이 시내산으로부터 이 축복의 사명을 들고 가나안으로 그리고 세상 가운데로 나아갔음을 읽을 수 있어야 합니다. 무엇보다 예수님의 십자가 은혜와 사랑을 믿는 이들이 지금껏 하나님의 백성된 제자로 세움 받아 세상 가운데로 나아가고 있음을 성경 창세기 족장의 길을 통해 알아차려야 합니다.

결국 창세기를 바벨론 포로된 이스라엘 백성의 눈으로 읽어내는 일은 오늘 우리 신앙인에게 무척 중요합니다. 그들 이스라엘 백성은 그때 하나님께서 징계와 심판으로만 그들을 바벨론에 보내지 않으셨음을 분명히 알았습니다. 그들은 야곱의 자손을 세상에 대하여 빛이 되게 하시는 길을 걷게 하신 것이야말로 하나님께서 바벨론으로 보내신 목적이라는 것을 깨달았습니다. 사 42:6-7, 49:6 이제 그 깨달음은 예수님 이후 교회의 하나님 백성에게도 중요한 일이 됩니다. 믿음의 계보에 선 우리는 바벨론에 포로로 잡혀갔던 이들이 그 땅 가운데서 하나님의 백성됨의 부르심과 세우심 그리고 보내심의 사명을 깊이 깨달았던 것처럼, 그리고 그 안목으로 그들의 성경 창세기를 읽어내려 가게 된 것처럼, 성경을 읽어야 합니다. 그래서 성경 셋의 계보와 셈의 계보, 아브라함을 비롯한 족장의 계보가 가인과 함의 도시들에서 살았던 삶을 알고 동일한 경험을 나눌 수 있어야 합니다. 에녹과 노아와 아브라함이 그 땅에서 바랐던 하나님의 구원 소망을 우리의 것으로 삼을 수 있어야 합니다. 그렇게 가인과 함의 도시들로부터 구원 받는 일의 필요를 절감할 때 하나님께서는 노아를 가인의 도시들로부터 구원하신 것처럼, 아브라함을 함과 니므롯의 바벨탑이 즐비한 도시들로부터 구원하신 것처럼 우리를 우리의 애굽으로부터, 우리의 바벨론부터 구원하여 이끌어 내십니다. 그리고 당신의 거룩한 산으로 우리를 인도하셔서 당신의 온전한 백성이 되게 하시고, 축복과 사명을 무장하여 다시 죄와 악이 관영한 세상 도시로 나아갈 힘과 능력을 베푸십니다.

우리는 이 모든 하나님 구속사의 이야기들 가운데 먼저 창세기1장부터 11장 그리고 아브라함의 부르심 받아 족장으로 서는 이야기를 읽어야 합니다. 셋의 이야기, 에노스와 에녹의 이야기, 그리고 셈과 그 후손, 에벨과 벨렉 및 아브라함의 이야기는 우리에게 하나님의 구속사적 기원이 어떠한지를 들려줍니다. 그리고 그들이 걸었던 길과 그 걸었던 방식을 우리에게 가르치고 우리로 하여금 신앙의 기원을 이룬 이들의 삶, 그들의 후예 족장들의 삶을 따르도록 가르치고 인도합니다. 오늘 죄와 악으로 뒤덮인 세속의 도시를 힘겹게 살아가며 하나님의 구원을 소망하는 기도를 드리고 있다면 이 책과 더불어 창세기 신앙과 족장들의 이야기를 함께 묵상하십시오. 오늘을 하나님의 백성으로 신실하게 살아가려는 우리에게 창세기는 귀중한 길잡이가 되어 줄 것입니다. 특별히 이 책 '족장의 길'은 하나님 백성의 온전한 구원을 위한 나그네 순례길에 든든한 동반자가 될 것입니다. 신앙의 길을 걷고 있으면서 길을 잃어 갈 바를 알지 못하고 있다면, 그래서 죄와 악으로 혼란한 세상에서 길을 찾고 있다면 성경 창세기와 더불어 이 책을 묵상하며 인도하는 빛을 얻으시기 바랍니다.

Forty day Meditations for Spiritual Pilgrims

지음 받은 길

Forty day Meditations for Spiritual Pilgrims

지음 받은 길

01 하나님이 지으셨다 창세기 1장 1절
02 피조물을 든든하게 창세기 1장 1~25절
03 안식하시다 창세기 2장 1~3절
04 존귀한 사람 창세기 1장 26~31절
05 하나님의 동산지기 창세기 2장 7~17절
06 에덴에서 흘러나와 창세기 2장 10~14절
07 돕는 베필 창세기 2장 18~25절
08 유혹과 불순종 창세기 3장 1~6절
09 죽음을 직면하다 창세기 3장 8~13절
10 징계받고 쫓겨나다 창세기 3장 14~24절

창세기 1장 1절

족장의 길 묵상 01

하나님이 지으셨다

세상의 기원 이야기는 여러 가지가 있습니다. 불교와 유교 이슬람을 비롯한 여러 종교가 각자 세상 기원에 관한 그들만의 이야기들을 가집니다. 과학도 한몫 합니다. 과학자들 역시 그들의 방법으로 밝혀낸 세상 기원에 관한 '그들만의 이야기'를 가지고 있습니다. 모든 세상 기원에 관한 이야기는 각자 그들만의 세계관과 삶의 방식으로 세상과 사람들을 설득하고 소통합니다. 비교는 의미 없습니다. 무엇이 월등하고 무엇이 확고한 진리인지에 관해 서로를 비교해서는 우열을 가릴 수 없습니다. 그 어떤 기원론도 '모두'를 설득할 객관적인 설명 도구를 갖지 못합니다. 그렇다고 편리를 따라 여럿을 취할 수도 없습니다. 그러자면 삶은 여러 갈래로 복잡하게 얽히고 뒤틀릴 것입니다. 삶의 혼란은 여러 가치관과 세계관을 동시에 품고 있는 탓에서 옵니다. 중요한 것은 나만의 '단일한 믿음'과 '고백'입니다. 많은 세계관과 기원론 가운데 오직 하나 내가 믿는 세계관을 선택하고 그것에 관한 자기 고백을 선언하는 것입니다.

세상 기원에 관한 이야기들과 그것이 만들어내는 가치관은 어김없이 서로 충돌합니다. 각각 세계관은 서로를 압박하여 정복하고 지배하려 듭니다. 바벨론이 세상을 다스리던 시절 지배자 바벨론 사람들과 피지배자 이스라엘 백성이 그랬습니다. 이스라엘 백성은 이미 그들 하나님께서 세상을 창조하시고 섭리하신다고 믿었습니다. 그런데 주전 586년 예루살렘이 멸망하고 바벨론에 포로로 잡혀간 사람들에게 낯설고 진기한 세상이 펼쳐졌습니다. 바벨론은 여호와 하나님이 아닌 마르둑Marduk, 혹은 벨과 같은 신이 그들 사는 세상을 창조했고 그가 모든 세상을 다스린다는 이야기들이 넘쳐나는 곳이었습니다. 바벨론 사람들은 오래전 수메르와 아카드 시대로부터 전해오는 <에누마 엘리쉬>Enuma Elish나 <아트라하시스>Atrahasis와 같은 서사 이야기들에 매료되어 있었습니다. 그들은 그 신화가 만들어낸 가치관으로 살았습니다. 바벨론 사람들은 이스라엘 백성에게 "너희 여호와 하나님이 싸움에서 졌으니 우리 신을 받아들여라"라며 협박했습니다. 그들의 요구와 협박은 집요했고 무도하기까지 했습니다.단 3:1-6

그러나 하나님의 백성은 하나님께서 세상을 지으시고 다스리신다고 고백하는 사람들이었습니다. 하나님 백성의 선택은 '여호와 하나님 창조와 섭리'의 세계관이었습니다. 포로 생활을 하는 내내 하나님의 백성 이스라엘은 그들을 에워싼 마르둑 신의 세계관을 지켜보았습니다. 매년 새해 첫날 바벨론 사람들이 읊는 <에누마 엘리시>를 들여다보았습니다. 온통 신들 간 현란한 싸움과 요란스런 세상 창조, 옹색하기 짝이 없는 인간 창조의 이야기들이었습니다. 그 어느 것도 여호와 하나님을 향한 신념을 넘어 그들을 설득하지 못했습니다. 포로된 이스라엘 백성은 바벨론 세계관에 굴복하지 않고 하나님 신앙을 지키기로 했습니다. 그들은 창세기 창조 이야기를 선조들의 오래된 이야기가 아닌 당대의 신앙으로 고백했습니다. "태초에 하나님이 천지를 창조하시니라"창 1:1 세상을 창조하고 다스리는 것은 바벨론의 마르둑 신이 아니라 여호와 하나님이십니다. 성경은 세상의 기원이 하나님이시라는 단단한 고백에서 시작합니다.

족장의 길이 시작되는 튀르키예 동부 반Van 호수 전경이다. 호수는 오래전부터 에덴 동산이 이곳이었으리라는 이야기가 있으리만큼 멋진 곳이다.

유일하신 하나님께 드리는 기도

하나님께서 창조하신 섭리 가운데 은혜를 알게 하시고 평안을 누리게 하소서.

피조물을 든든하게

창세기 1장 2~25절

전해오는 창조 이야기 대부분은 빛과 어두움, 물질 등 세상 우주 만물 모든 것이 저절로 생겼다고 전합니다. 세상 기원과 관계된 신들은 그 발현 중에 자연스레 나타났습니다. 그리스 신화가 그렇습니다. 질서 있는 물질과 공간, 빛과 어두움, 하늘과 땅, 선과 악, 사랑과 미움 등 세상 구조의 기본을 이루는 대부분은 그것을 관장하는 신들의 자발 탄생과 더불어 세상에 나타나게 되었습니다. 이것은 메소포타미아의 창조 이야기도 별반 다르지 않습니다. 그곳 신들 역시 처음 여러 가지 것들이 생성되는 중에 세상에 저절로 나타납니다. 흥미로운 것은 이 초기 신들이 일종의 신가족god-families을 이룬다는 것입니다. 그들 사이에는 상급신과 하급신들이 있고 파괴만 일삼는 신과 그에 대립하는 창조의 신이 있습니다. 그들은 서로 갈등합니다. 그리고 전투를 벌입니다. '그리스 신화'의 거인 티탄 신들the Titans과 올림푸스 신들the Olympian gods 사이 전쟁이 그렇고, <에누마 엘리쉬>의 창조주 마르둑 신과 바다의 신 티아맛Tiamat 사이 전쟁이 그렇습니다. 세상의 형성과 인간 창조는 이 투쟁의 결과입니다.

하나님의 백성은 세상 제국들 사이에서 포로로 살아가면서 세상 창조 이야기들을 들었습니다. 하나님의 백성은 신들이 여럿 존재한다는 것, 자기들끼리 투쟁한다는 것, 그 전쟁 과정에서 세상이 만들어

해발 3천 미터를 넘나드는 높은 산들이 즐비한 반 호수는 세상 처음의 이야기를 알고 있는 듯 잔잔한 파도소리로 순례자들에게 하나님 창조 이야기를 들려준다.

졌다는 것을 이해할 수 없었습니다. 올림푸스 신들의 이야기나 <에누마 엘리쉬>의 이야기나 모두 세상 창조는 그저 승자 독식의 결론이었습니다. 그리스의 거인 신 아틀라스Atlas는 영원히 제우스가 만든 지구를 떠받들어야 했습니다. 착한 프로메테우스Prometheus는 하루 종일 제우스의 독수리에게 간을 뜯어먹혀야 했습니다. 메소포타미아의 하늘은 뱀 형상 티아맛의 주검 절반으로 만들어졌고, 나머지 절반은 그들이 선 땅이 되었습니다. 신들간 전쟁 후 만들어진 세상은 패자에게는 죽음과 소멸을 의미했고, 약자에게는 희생과 복종을 의미해야 했습니다. 하나님의 백성은 이런 이야기를 받아들일 수 없었습니다. 바벨론 창조의 이야기들 사이에서 그들은 여호와 하나님 창조 이야기의 아름다움을 확신하고 의지했습니다.

하나님의 백성은 그들 창조 이야기를 다시 묵상했습니다. 그리고 놀라운 것을 깨달았습니다. 묵상에서 여호와 하나님은 유일한 분으로 존재하셨으며, 선하신 계획 가운데 '모든 것'을 창조하셨습니다. 하나님께서는 빛과 어두움을 창조하여 낮밤을 나누신 뒤, 거기에 하늘의 해와 달과 별 등 천체를 지으셨습니다.창 1:4-5, 14-16 또 하나님께서는 물을 나누시고, 그 사이에 궁창sky, 곧 하늘을 만드셨습니다. 그리고 아랫물에는 물고기들을, 위 궁창에는 새들이 살도록 하셨습니다.창 1:6-8, 20-23 이제 하나님께서는 아랫물과 뭍을 구별하신 뒤에 그 자리에 식물들이 자라게 하셨습니다. 그리고 여러 동물이 거기 깃들어 살도록 하셨습니다.창 1:10-13, 20-23 하나님께서는 하나하나 창조하시며 차곡차곡 당신의 선한 질서를 부여하셨습니다. 그 어떤 피조물도 당신보다 앞설 수 없지만, 그 만드신 섭리 아래라면 모든 것이 자기만의 평안한 삶을 살 수 있었습니다. 하나님의 창조는 어떤 창조 이야기보다 은혜롭습니다.

유일하신 하나님께 드리는 기도
하나님께서 창조하신 섭리 가운데 은혜를 알게 하시고 평안을 누리게 하소서.

창세기 2장 1~3절

족장의 길 묵상 03

안식하시다

<에누마 엘리시>의 마르둑은 신들에게서 받은 무기로 영웅다운 전투를 펼쳤고, 결국 바다의 신 티아맛을 물리쳤습니다. 위대한 전투가 끝난 뒤 그는 티아맛의 주검을 바라보며 잠시 '안식'했습니다. 그러나 그의 안식은 오래가지 않았습니다. 그는 일을 시작했습니다. 그는 먼저 티아맛의 주검으로 세상을 만들었습니다. 그리고 자기에게 무기를 준 위대한 신들에게 물러나 쉴 수 있는 하늘의 안식처 에사라E-sara를 만들어 주었습니다. 이어서 마르둑은 자기를 따르는 신들에게 그가 만든 우주 만물과 세상 모든 것에 깃들어 그것들을 주관하도록 역할을 부여했습니다. 태양 빛을 발하는 신과 달빛을 드리우는 신, 바다를 다스리는 신, 산봉우리가 높고 뾰족하도록 관장하는 신들은 각자 자기 역할을 갖게 되었습니다. 그래서 세상은 그 모든 신들은 각자 역할대로 움직이게 되었고 세상을 움직이는 힘을 가진 만물에는 신들이 깃들게 되었습니다. 이제 전쟁의 승리자요 창조자인 마르둑은 세상의 주인으로 경배를 받았습니다.

하나님의 백성은 그들의 창조 이야기가 마르둑의 창조 이야기와 엄격히 다르다는 것을 깨달았습니다. 여호와 하나님께서는 스스로 존재하시며 티아맛과 같은 대립신이 필요하지도 않으셨습니다. 창조주 여호와 하나님께서는 무엇보다 선한 계획 가운데 세상 모든 만물

바벨론 사람들은 세상 창조주가 마르둑 신이라고 믿었다. 사진은 마르둑 신이 악신 티아맛을 상대로 전투를 벌이는 장면이다.

을 창조하셨습니다. 그리고 그 모든 것이 당신의 질서 가운데 스스로 운행하도록 하셨습니다. 하나님 창조에는 빛을 관장하는 신이나 어둠을 관장하는 신, 달빛 조절을 관장하는 신이나 태양의 강렬한 정도를 관장하는 신 등이 별도로 필요하지 않았습니다. 산들은 지질 운동 가운데 스스로 높아지게 되어 있었으며, 강들은 스스로 물의 길을 개척하여 바다로 나아갔습니다. 하늘의 천체들은 하나님께서 지은 빛과 어둠의 질서 가운데 스스로 운행했고, 하늘과 바다, 땅의 모든 피조물은 하나님께서 지어주신 하늘, 땅, 물의 질서 가운데 스스로 생육했고 번성했습니다. 여호와 하나님께서 창조하신 세상에는 그것들을 관장하는 별도의 신들이 필요하지 않았습니다.

하나님의 백성은 그들의 하나님 창조 이야기에서 한 가지 중요한 사실을 깨달았습니다. 하나님의 안식 방법입니다. 마르둑 신에게 휴식은 오직 그만의 것이었습니다. 그가 안식한 후 다른 모든 삼라만상과 신들은 그의 명령으로 부지런히 움직여야 했습니다. 그러나 여호와 하나님께서는 안식을 당신 창조의 모든 행위 마지막에 두셨습니다. "하나님이 그가 하시던 일을 일곱째 날에 마치시니 그가 하시던 모든 일을 그치고 일곱째 날에 안식하시니라."창 2:2 마르둑의 창조가 자신만의 안식 후 이루어진 일이라면, 하나님의 창조는 함께하는 안식이 대미를 이루었습니다. 세상을 다스리시는 분이 일을 마치시고 더 일하지 않으시고 휴식하시니 다른 피조물들도 편한 마음으로 안식할 수 있게 된 것입니다. 하나님의 창조를 믿고 고백하는 하나님 백성에게도 이런 하나님의 안식은 선물과 같은 것이었습니다. 결국 하나님의 백성은 피조물을 사랑으로 창조하시고 당신이 지으신 세계 가운데 안식을 선물로 주신 하나님을 찬양했습니다. "온 땅이 조용하고 평온하니 무리가 소리높여 노래하는도다."사 14:1-7

유일하신 하나님께 드리는 기도
하나님 안식이 당신 창조의 완성이었듯 우리가 이루는 모든 일의 완성도 안식이 되게 하소서.

족장의 길 묵상 04　　　　　　　　　　창세기 1장 26~31절

존귀한 사람

　이스라엘 백성이 바벨론 포로 생활에서 경험한 인간 창조 이야기에 의하면, 사람은 신들의 이기적인 필요에 따라 만들어졌습니다. 세상이 처음 만들어지던 시대 높은 지위에 있던 신들은 낮은 지위에 있던 신들에게 노역하게 했습니다. 지위가 낮은 신들은 티그리스 강과 유프라테스 강을 파는 등 높은 신들을 위한 노역에 오랫동안 시달렸습니다. 낮은 신들은 불평했습니다. 그리고 높은 신들에게 가서 탄원했습니다. 그러자 높은 신들은 낮은 신들의 노역을 대신할 인간을 만들기로 합니다. 그렇게 신들의 노역을 대신할 인간, 일곱 쌍의 인간이 세상에 태어납니다. <아트라하시스>에서 높은 신 가운데 하나인 에아Ea는 이렇게 이야기합니다. "왜 저들(낮은 신들)을 탓하는가? 그들의 일은 너무 많고 그들은 큰 어려움 가운데 있다…여기 자궁을 가진 여신 벨레틸리Beletili가 있으니 그녀에게 원시인을 창조하게 하자. 그들에게 엔릴Enlil이 낮은 신들에게 지운 짐을 지게 하자. 그들이 (낮은) 신들의 노역을 감당하게 하자."

　바벨론 사람들의 이야기에서 사람은 신들의 노역을 대신하기 위한 대체재a subsstitute로 만들어집니다. 높은 신들은 낮은 신들의 불평이 시끄럽고 그들이 곧 반기를 들 것으로 보이자 서둘러 천상의 회의를 엽니다. 그리고 그들 가운데 지혜의 신 일라웰라Ilawela를 죽여 그의 몸

추운 겨울을 보내고 나서 봄을 맞이하는 반 호수의 전경이다. 산들은 여전히 백설의 하얀 모자를 쓰고 있지만 호수의 섬 악다마르Ak-Damar에는 봄 기운이 완연하다.

과 피를 점토에 섞어 인간을 만듭니다. 그렇게 해서 낮은 신들 노역의 대체재 인간은 세상에 나오게 됩니다. 인간은 신들을 위해 봉사하는 일과 신들을 봉양하는 일을 위해 만들어졌습니다. 인간에게는 죽은 신의 몸과 피가 뒤섞여 있고 그의 지혜가 함께 섞여 있습니다. 그러나 그 이상도 그 이하도 아닙니다. 그 모든 것은 낮은 신들이 하던 일 즉, 높은 신들을 섬기는 일, 높은 신들이 만든 세상과 그들의 신전을 지키고 유지하는 일을 위해서 사용되어야 합니다. 하나님 백성은 이 모든 이야기에서 피조물 인간의 하찮음을 보았습니다. 바벨론 사람들의 이야기에서 사람은 한없이 가벼워 가엽기까지 한 존재였습니다.

하나님의 인간 창조는 반대입니다. 하나님께서는 창조의 절정에 인간을 만드셨습니다. 여호와 하나님은 세상 만물을 지으실 때 사람을 당신의 형상 image of God으로 함께 만드셨습니다. 하나님께서는 사람을 만드실 때 이렇게 외치셨습니다. "나는 나의 모양으로 인간을 만들되 남자와 여자를 만들 것이다. 그리고 그들 모두에게 나의 복을 내려 줄 것이다."창 1:27-28 하나님께서는 사람을 지으시고 노역하게 하지 않으셨습니다. 하나님께서는 그를 보시고 기뻐하시고 그를 축복하셨습니다. 왕이나 왕비, 귀족과 사제들만 복된 사람이 아니었습니다. 남자나 어른들만 복된 사람이 아니었습니다. 비천한 삶이라 할지라도 그는 귀하게 창조되었고 하나님께서는 그를 '심히 좋게' 여기셨습니다.창 1:31 하나님께서는 빈부와 귀천, 높낮이를 떠나 모든 인간을 당신의 동등한 피조물로 기뻐하시며 사랑하십니다. 이것이야말로 하나님의 백성이 바벨론 세상 한복판에서 깊이 깨달은 그들 창조 이야기의 중요한 한 부분이었습니다. 백성에게도 이런 하나님의 안식은 선물과 같은 것이었습니다. 결국 하나님의 백성은 피조물을 사랑으로 창조하시고 당신이 지으신 세계 가운데 안식을 선물로 주신 하나님을 찬양했습니다. "온 땅이 조용하고 평온하니 무리가 소리높여 노래하는도다."사 14:1-7

유일하신 하나님께 드리는 기도

하나님의 창조 안에서 우리는 스스로 귀한 존재임을 깨닫습니다. 존귀한 삶을 살게 하소서.

창세기 2장 7~17절

족장의 길 묵상 05

하나님의 동산지기

바벨론의 신들은 인간을 만들고서 이전 낮은 신들에게 부과되었던 노역을 새로 지은 인간들에게 감당하게 했습니다. 인간은 신을 위한 봉사의 대체재로서 노동하도록 고안된 존재였으며 그 일은 자식을 낳는 일을 통하여 대를 잇게 되었습니다. 신들은 하늘과 땅에 지어진 만물과 그들의 신전shrine에 살고 군림하면서 인간의 예배와 찬양뿐 아니라 봉사와 봉양도 받았습니다. 세상은 신들이 각자의 역할과 뜻에 따라 움직였고 인간은 그들의 보조자로 존재할 따름이었습니다. <에누마 엘리시>는 이렇게 바벨론 창조신 마르둑의 노래를 기록합니다. "나는 이 땅에 거주할 인간을 만들 것이다. 그렇게 해서 신들을 예배하는 일들이 세워질 것이며 신당이 지어질 것이다." 바벨론 사람들은 그렇게 구약 외경 <벨과 용 이야기>Bell and the Dragon처럼 인간을 압제하듯 지배하고 통치하는 신들을 위해 노역하고, 봉사하며 살았습니다. "당시 바벨론에는 벨이라는 우상이 하나 있었는데 사람들은 매일 가장 좋은 밀가루 열두 말과 양 사십 마리와 포도주 여섯 섬을 그에게 바치고 있었다."단 14:3 공동번역

바벨론의 신들은 인간을 만들고서 인간의 예배와 찬양 그리고 그들의 노역과 봉사를 바탕으로 존재했습니다. 마르둑에 의해 자유롭게 된 신들은 세상 모든 만물에 깃들어 그것을 주관하고 통제하는 존

반 호수로부터 한 시간 반 가량 동쪽으로 가면 유명한 아라랏 산이 있다. 높이가 5천 미터가 넘는 산 봉우리는 그 신비함을 보일 듯 말 듯 항상 구름으로 스스로를 감춘다.

재들이 되었습니다. 그리고 자기들이 깃든 창조 세계 만물의 운행을 두려운 마음으로 바라보는 인간의 경배와 찬양을 받았습니다. 또한 신들은 인간이 노역 가운데 바치는 모든 것을 받아먹으며 존재했습니다. 그들은 <벨과 용의 이야기>에 등장하는 '뱀 우상'처럼, 그리고 그 뱀 우상이 섰던 벨 신전의 사제들처럼 아무것도 하지 않으면서 바벨론 사람들을 지배했고 그들에게서 자기들의 이득을 취하는 거짓된 존재들이었습니다. 마르둑을 비롯한 바벨론의 신들은 세상을 지은 이래로 창조주의 영광을 잃었고, 세상 만물을 주관하는 신적 권위를 상실했습니다. 그렇게 바벨론 신들은 그저 대체재일 뿐인 인간이 만든 신전에 기생하고 살며, 결국에 인간에게 의존적인 존재가 되고 말

앉습니다.

그때 다니엘과 같은 바벨론에 사는 이스라엘 백성은 참된 창조주이시며 세상의 주관자이신 여호와 하나님의 참모습을 깨달았습니다. 하나님께서는 세상을 창조하시고 인간을 만드신 뒤 그를 당신의 동산 가운데 살게 하시며 그 땅을 '경작'abad, work and worship하게 하셨습니다.창 2:15 하나님께서는 피조세계에 임재하시는 통로로서 에덴동산에 당신 최고 피조물 인간을 거주하게 하셨습니다. 그리고 그에게 하나님을 예배하는 동시에 하나님 피조세계를 관리하고 창조 질서를 잘 관리하는 사명을 주셨습니다. 에덴동산은 결국 하나님께서 당신 피조 세계 가운데 임재하셔서 그 아름다운 세상과 만나시는 '성소'sanctuary와 같은 곳이었습니다. 그리고 동산지기 즉, 성전지기 인간은 거기서 하나님과 세상을 위해 수고하는 하나님의 신실한 일꾼이었습니다. 하나님께서는 당신 최고의 피조물 인간이 당신만을 바라보고 당신만을 섬기기를 원하지 않으셨습니다. 하나님께서는 인간이 하나님과 피조 세계 사이 에덴동산에 서서 하나님을 예배하는 동시에 세상을 위해서 수고하게 하셨습니다.

유일하신 하나님께 드리는 기도
하나님께서 지으신 세상을 위한 경작의 수고를 기쁨으로 감당하는 우리가 되게 하소서.

족장의 길 묵상 06　　　　　　　　　　　　창세기 2장 10-14절

에덴에서 흘러나와

　　<아트라하시스>에 등장하는 신들은 인간을 만들고 인간에게 신들이 감당하던 일들을 하게 했습니다. 주로 신들이 창조한 땅들에 물을 공급하는 강들과 운하들을 파는 일들이었습니다. 그렇게하여 신들이 창조한 땅들이 비옥하게 되면, 그 결실들로 신들을 먹이고, 그 나머지로 인간들이 먹고살도록 하기 위함이었습니다. <에누마 엘리시>는 보다 세밀한 이야기를 다룹니다. 세상의 주인 마르둑 신은 그가 창조한 인간에게 신들이 거주하며 예배 받을 처소를 만들도록 했습니다. 마르둑과 신들은 낮에는 세상 운행과 관련된 일들을 관장하고 밤에 그들의 처소로 와 쉬었습니다. 흥미롭게도 바벨론의 신들은 사람들을 자기들 처소로 나아오도록 했습니다. 그리고 자기들을 예배하는 가운데 자기들을 섬기는 일들을 감당하도록 했습니다. 주로 먹고 입고 치장할 것을 가져와 신들을 기쁘게 하도록 한 것입니다. 바벨론 세상 신들의 처소는 사람들을 끌어모아 자기들만을 위한 봉사에 매진하도록 하는 신적 욕망의 중심지였습니다.

　　이스라엘 백성의 창세기는 전혀 다른 이야기를 전합니다. 하나님께서는 일곱째 날에 안식하시고서 당신이 지으신 세상 한쪽 해 뜨는 방향의 에덴Eden이라 불리는 곳에 동산 하나를 만드십니다. 동산에는 "생명나무"와 "선과 악을 알게 하는 나무" 등이 그 중심에 있었습

산 전체를 드러낸 아라랏 산의 모습이다. 아라랏이라는 이름은 이곳에 있던 우라루트 왕국의 이름에서 왔다. 산의 이름은 노아의 홍수보다 훨씬 후대에 붙여졌다.

니다.창 2:9 동산의 중심에 생명 근원과 금기를 두신 것입니다. 그뿐이 아니었습니다. 하나님께서는 동산에 먹을 것이 나는 나무와 마실 수 있는 물이 있게 하셨습니다. 창세기는 하나님께서 그 동산에 "보기에 아름답고 먹기에 좋은 나무"들이 자라게 하셨다고 말합니다.창 2:9 그리고 "강이 에덴에서 흘러나와 동산을 적시고 거기서부터 갈라져 네 근원이 되었다"고 말합니다.창 2:10 비손Pishon이라는 이름의 강과 기혼Gihon이라는 이름의 강, 티그리스로 알려진 힛데겔Hiddekel이라는 강, 그리고 유프라테스Euphrates라는 강들입니다. 결국 에덴에서 솟은 물은 에덴을 적시고 이 네 강을 통해 세상 곳곳으로 흘러가게 되었습니다.창 2:11-14

하나님 백성의 창조 이야기는 바벨론 창조 이야기와 정반대 방향으로 흘러갑니다. 바벨론 신들의 처소는 아무것도 만들어내지 못합니다. 신들은 처소 밖 인간이 강과 운하를 내고 경작한 땅에서 거두어들인 것을 공급받아 존재합니다. 인간은 자기 노역의 결실을 들고 신들의 처소로 모여듭니다. 하나님의 에덴동산은 반대입니다. 하나님께서는 당신에게서 생명과 은혜가 흘러내리도록 하십니다. 하나님의 동산에는 하나님께서 스스로 만드신 먹을 것과 솟게 하신 물이 있습니다. 세상은 하나님 동산으로부터 흘러나가는 물줄기들을 통해 풍요를 경험합니다. 비손 유역에는 온갖 귀한 것들이 풍성하고, 기혼 주변은 그 이름처럼 풍성함을 넘칩니다. 동산의 청지기 아담은 하나님을 먹여 살리기 위해 존재하지 않습니다. 동산지기 인간 아담이 하나님의 공급과 돌봄을 은혜로 경험합니다. 하나님께서 만드시고 임재하시는 동산에는 에스겔의 환상처럼 거기서 흘러나는 물로 만물이 되살아나는 역사가 있습니다. 겔 47:1-12

유일하신 하나님께 드리는 기도
하나님을 참된 신으로 예배하는 우리 삶의 자리가 하나님의 에덴동산이 되게 하소서.

창세기 2장 18-25절

족장의 길 묵상 07

돕는 베필

<아트라하시스>의 신들은 처음 인간을 만들 때 일라웰라Ilawela를 죽여 그 살과 피와 진흙 그리고 높은 신과 낮은 신들의 침을 섞어 남녀 일곱 명씩, 열네 사람을 만들었습니다. 어머니 역할을 하는 벨레틸리와 그의 출산을 돕는 신 마미Mami 그리고 이 모든 것을 주관한 닌투Nintu가 인간의 첫 탄생을 주도했습니다. 그들은 인간에게 자식을 낳고 기르는 삶의 과제를 내려주었습니다. 그리고 남자와 여자 둘씩 짝을 짓게 해 각자의 집에 살게 했습니다. 그들은 거기 살면서 자기들이 세상에 처음 나올 때와 같은 방법으로 자녀를 낳고 그 자녀들을 신들을 위한 또다른 봉사자로 살도록 키웠습니다. 그렇게 그 수가 늘어난 인간은 "새로운 곡괭이들과 삽들을 만들어 큰 운하들을" 파고 만들었습니다.Atrahasis, vii. 인간은 자기 자식들과 사람들, 그리고 신들을 먹이기 위해 일하고 또 일했습니다. 이것이야말로 바벨론 창조 이야기에 주어진 인간 근본 숙명the fundemental fate입니다.

하나님 창조의 멋진 부분 하나는 바로 하나님께서 에덴동산에서 두 번째 인간을 창조하셨다는 것입니다. 아담은 동산에서 성심껏 일했습니다.창 2:17 그 때 하나님께서는 다른 피조물과 달리 인간 아담이 홀로 있는 것을 아시고 그것이 '좋지 않다'lo tob, not good 생각하셨습니다. 그래서 하나님께서는 홀로 있는 아담에게 '돕는 베필'ezer kenegdo,

아라랏 산 인근 작은 언덕에 한 눈에도 배의 잔해로 보이는 장소가 있다. 두루피나르 Durupinar라고 불리는 이곳은 얼마전부터 실제 방주의 흔적이라는 소문을 듣고 찾아오는 사람들로 북적인다. 그러나 이 지질학적 흔적이 방주라는 근거는 찾을 수 없다.

equal and proper helper을 지어주셨습니다.창 2:18 아담을 '돕는 베필'은 아담이 잠든 사이 그의 갈빗대를 취해 만들어졌습니다. 잠에서 깬 아담은 자기 앞에 선 베필을 보고 이렇게 외쳤습니다. "이는 내 뼈 중의 뼈요 살 중의 살이라…여자라 부르리라."창 2:23 하나님께서는 이제 당신의 동산을 지키고 관리하는 지기가 쌍을 이루도록 하셨습니다. 하나님께서는 그 둘이 결혼관계로 한 몸을 이루어 살도록 이끄셨습니다. 이렇게 해서 에덴 동산은 성적으로 서로 다른 둘이 서로의 필요를 채워주는 가운데 하나가 되어 가정을 이루는 일이 있게 되었습니다.

하나님께서는 인간 베필 창조를 당신의 존재방식에 근거하여 이루셨습니다. 하나님께서는 삼위三位, triune로 존재하시기 때문에 홀로 있는 인간에게 긍휼을 가지셨습니다. 그리고 그에게 딱맞는 베필을 만들어주셨습니다. 하나님 창조에는 무관심 가득한 '불특정' 인간들이 없습니다. 하나님께서는 당신이 지으신 인간 '아담'에게 지극한 관심을 기울이시고 그에게 꼭 어울리는 베필을 만들어주셨습니다. 그 '어울리는 베필'suitable helper은 자기 동반자가 기뻐할만한 일도 하겠지만, 그가 즐겨하지 않으면서도 꼭 필요한 일들도 할 것입니다. 하나님께서는 그렇게 두 특정의 남녀가 한 몸, 한 가정을 이루는 일이 에덴동산의 중요한 기반이 되게 하셨습니다. 이제 동산의 두 남녀는 서로를 부끄러워하지 않거나 낯설어하지 않으면서 서로에게 어울리는 방식으로 협력하여 동산의 사명을 감당합니다. 그들은 하나님의 동산으로부터 생육하고 번성하는 가운데 하나님의 섭리가 세상 더 넓은 지경을 확장하도록 노력합니다.

유일하신 하나님께 드리는 기도

익명의 관계에 머물게 마시고 서로에게 솔직하여 잘 어울리는 온전한 관계를 이루게 하소서.

족장의 길 묵상 08

창세기 3장 1~6절

유혹과 불순종

바벨론의 창조 이야기는 하나씩 점진하여 앞으로 '진보하는' 세계를 묘사합니다. 태초 이전에 신들이 존재했는데, 그들은 서로 갈등하다가 전쟁을 벌입니다. 그 가운데 승리한 신이 자신과 다른 신들이 안전하게 거주하기 위한 터전으로 세상을 만들었습니다. 아직 인간이 존재하지 않던 그 세계는 하급신들이 상급신들을 위해 봉사하는 구조였는데, 하급신들이 과도한 노역에 불만을 터뜨립니다. 결국 상급신들은 그들의 불만을 잠재우려고 대체재 인간을 만들었습니다. 신들을 위해 만들어진 인간은 수가 많을수록 좋았습니다. 많은 인간이 신들을 위해 수고하고 헌신할 때 신들 중심의 세상은 편안할 것이었습니다. 그러다보니 신들 주위는 많은 인간들로 북적거리게 되었습니다. 그리고 시끄러워졌습니다. 결국 신들은 몇몇만 제외하고 모든 인간을 제거하기로 합니다. 그렇게 하찮은 인간들은 신들이 벌인 멸절의 큰 재난을 겪습니다. 방향성 없이 펼쳐지는 인과관계의 연속이 바로 바벨론 창조 이야기입니다.

그러나 창세기 하나님 창조 이야기는 다릅니다. 하나님께서 지으신 세상은 완벽했습니다. 하나님께서는 당신이 만드신 세상을 좋아하셨습니다.창 1:4,10,12,18,25 무엇보다 하나님께서는 당신이 만드신 세상을 당신의 뜻에 따라 함께 꾸려가는 인간 부부가 마음에 드셨습니다.

아라랏 산에는 투즐루카Tuzmuca의 소금 광산이 있다. 히타이트 시절부터 광산으로 사용된 이곳은 생존과 번영을 위한 인간의 자기 노력의 헛헛한 흔적이 곳곳에 남아 있다.

하나님께서는 두 사람이 이끌고 다스리는 세상을 심히 좋아하셨습니다. 창 1:31 하나님과 인간, 그리고 세상 모든 피조물은 온전한 가운데 서로 친밀했고 각별했습니다. 그런데 그 온전한 관계 사이가 벌어지기 시작했습니다. 간교한 뱀nachash, serpent가 그 관계 사이로 끼어들어와 서로 멀어지게 한 것입니다. 뱀은 두 번째로 창조된 인간 여자에게 "하나님이 참으로 너희에게 동산 모든 나무와 열매를 먹지 말라 하시더냐"고 묻습니다. 창 3:1 그리고 하나님께서 두 사람에게 주신 명령을 왜곡합니다. "너희가 결코 죽지 아니하리라 너희가 그것을 먹는 날에는 너의 눈이 밝아져 하나님과 같이 되어 선악을 알 줄 하나님이 아심이

니라."^{창 3:4-5}

아담과 여자는 뱀의 의심하게 만드는 왜곡된 말의 유혹을 받아들였습니다. 그리고 동산 가운데 있던 선과 악을 알게 하는 나무의 열매를 먹었습니다. 그들은 결국 하나님의 말씀과 섭리를 넘어서는 세계에 대한 욕망의 길을 열게 되었습니다. 그들이 하나님과 같이 되거나, 하나님과 비견할만한 지식을 얻게 된 것은 아니었습니다. 단지 그렇게 되고자 하는 욕망, 소유욕 강한 탐닉의 삶의 길을 알게 된 것입니다. 뱀의 유혹에 넘어간 두 남녀는 곧 "자기들이 벗은 줄" 알게 되었습니다. 그러자 각자 자기를 감추기 위해 "무화과 나무 잎을 엮어 치마로" 삼았습니다.^{창 3:7} 벗은 몸이 부끄러워서가 아닙니다. 그들의 욕망과 탐심을 감추려 든 것입니다. 인간은 뱀의 유혹을 이기지 못하고 하나님의 말씀에 불순종했습니다. 이제 인간은 하나님께서 채우시고 공급하시는 동산의 삶에 만족할 수 없게 되었습니다. 서로에게 만족하지도 못하게 되었습니다. 그들은 하나님의 완벽한 창조 질서로부터 멀어지는 가운데 "자기 소견대로"^{삿 17:6, 21:25} 타락의 길을 걷기 시작했습니다.

유일하신 하나님께 드리는 기도

익명의 관계에 머물게 마시고 서로에게 솔직하여 잘 어울리는 온전한 관계를 이루게 하소서.

창세기 3장 8~13절

족장의 길 묵상 09

죽음을 직면하다

바벨론에는 아다파Adapa라는 현명한 사람 이야기가 있었습니다. 그는 여신 에아Ea의 아들이었습니다. 아다파는 에리두Eridu라는 도시 신전 제사장이었으며 지혜로웠습니다. 어느날 아다파는 남풍에 휘말려 익사할 뻔했습니다. 그때 그는 힘과 지혜로 남풍의 날개를 부러뜨려 바람이 일지 못하게 했습니다. 하늘 최고의 신은 아다파가 한 일을 알고서 개탄하며 그를 하늘로 소환했습니다. 어머니 에아는 아들 아다파에게 "하늘 신이 주는 빵이나 물을 먹으면 죽을 것"이라고 주의를 줍니다. 아다파는 하늘 최고의 신에게 자초지종을 말했고 그의 인정을 받았습니다. 하늘의 최고 신은 이어서 그에게 하늘의 빵과 물을 주었습니다. 그러나 아다파는 그것을 받아 먹지 않았습니다. 그런데 신이 준 것은 사실 생명의 빵과 물이었습니다. 최고의 신은 결국 영생을 얻지 못한 아다파를 조롱했습니다. 하지만 신은 아다파에게 영광을 허락합니다. 아다파는 에리두의 왕이 되었고 그의 통치로 도시는 평안하게 됩니다. 아다파 이야기는 인간 지혜의 발현과 관련한 절망과 희망의 반전反轉 이야기였습니다.

이스라엘 백성은 바벨론 사람들의 낙관적인 진보 이야기, 아다파 이야기를 보았습니다. 아다파 이야기와 아담 이야기를 비교해 보았습니다. 아담과 그 아내는 뱀으로 묘사된 사탄의 유혹에 넘어가 하나

반에는 우라루트 시절 성채가 있다. 페르시아의 크세르크세스(성경의 아하수에로는 그리스 와와 전쟁을 위해 이곳을 지나면서 자신의 위대함을 알리는 비문을 성채 절벽에 새겨두었다.

님의 말씀에 불순종했습니다. 그리고 그들 불순종의 결과는 참담했습니다. 하나님께서는 그들에게 "선악을 알게 하는 나무의 열매는 먹지 말라 네가 먹는 날에는 반드시 죽으리라 하시니라"고 말씀하셨습니다.창 2:17 그러나 그들은 하나님의 말씀을 듣지 않았습니다. 그리고 결국 죽음이라는 운명의 굴레를 쓰게 되었습니다. 그들이 지혜를 탐하게 되었을지언정 온전히 지혜롭게 되지는 못했습니다. 아담 부부의 불순종 이래 인간 삶을 지배하게 된 것은 지혜가 아니라 죽음이었습니다. 인간은 결국 평생 하나님과 멀어지는 것을, 서로 멀어지게 되는 것을 느끼며 살게 되었습니다. 그리고 결국에 홀로 죽음을 마주하게 되었습니다. 그것은 분명 하나님께 불순종한 결과였습니다. 그리고 그 결과는 흔들림 없이 실현될 것이었습니다.

아다파 이야기는 사실 창세기 인간 타락 이야기와 닮아있습니다. 인간 지혜라는 소재가 그렇고, 먹는 것에 대한 금기가 그렇고, 불사의 기회를 얻지 못하는 것이 그렇습니다. 아다파는 신들의 명령에 순종합니다. 그러나 신들은 그의 순종을 조롱과 장난으로 마주합니다. 결국 인간 진보는 분투하는 인간과 장난 가득한 신들 사이에서 반전 가득 그 싹을 틔웁니다. 그런데 아다파 이야기와 달리 창세기 인간 타락의 이야기는 희망어린 반전이 없습니다. 창세기는 하나님 말씀을 불순종한 결과가 죽음이라는 것을 명료하게 이야기합니다. 인간 불순종의 결실로서 죽음은 이제 인간 사회에 내재되고 역사화 됩니다. 불순종을 결실한 인간은 완전하신 하나님과 멀어지고 서로 사랑하며 돕던 인간 관계도 멀어지게 되어 결국에 죽게 됩니다. 반전은 없습니다. 사회와 역사의 현실 맥락에서 인간은 점증하는 죽음의 공포를 맛보고 느끼며 절망 가운데 홀로 서게 됩니다. 반전은 없습니다. 오직 한 길, 죽음으로 나아가는 것입니다.

유일하신 하나님께 드리는 기도
인간사의 맥락없고 부질없는 희망보다는 하나님의 은혜를 구하는 우리가 되게 하소서.

족장의 길 묵상 **10**　　　　　　　　　　창세기 3장 14~24절

징계받고 쫓겨나다

　　바벨론 포로기를 보내면서 이스라엘 백성이 분명하게 깨달은 것은 하나님 심판의 전개 양상이었습니다. 하나님께서는 말씀에 불순종한 이스라엘을 그대로 두지 않으셨습니다. 이스라엘을 심판하기 위해 서신 하나님은 말로만 얼기설기 주저하지 않으셨습니다. 하나님께서는 그들의 죄를 낱낱이 밝히시고 만천하에 명백하게 드러내셨습니다.사 3:3-26 이어서 하나님께서는 불순종한 이스라엘을 분명한 방식으로 징계하시고 심판하셨으며 벌을 주셨습니다. "죽을 자는 죽음으로 나아가고 칼을 받을 자는 칼로 나아가고 기근을 당할 자는 기근으로 나아가고 포로 될 자는 포로 됨으로 나아갈지니라"는 하나님의 말씀은 그대로 실현되었습니다.렘 15:2 그렇게 이스라엘 백성은 한순간 무너지고 멸망해 바벨론에 끌려와 앉았습니다. 그들은 거기서 하나님의 심판과 징계가 얼마나 분명한 것인지를 경험했습니다. 그들은 거기서 하나님 백성 연대기의 원조 아담과 그 아내의 심판을 다시 묵상했습니다. 하나님의 심판은 그옛날 아담과 하와 부부에게도 그리고 오늘 이스라엘 자신들에게도 틀림없이 실현되었습니다.

　　바벨론 포로생활을 이어가는 이스라엘 백성은 그곳 신들과 자기들의 하나님이 분명히 다른 존재임을 인식했습니다. 바벨론의 신들은 위대하고 거대하기도 했거니와 재미있기도 하고, 익살스럽기도 하

반 호수의 악다마르 섬에는 비잔틴 시대 교회가 남아 있다. 오랫동안 오스만 제국 군대의 사격장으로 사용된 교회 안에서 작은 창문으로 빛이 들어오는 것을 보았다. 아담의 불순종으로 죄와 악이 가득하게 된 세상을 비추는 하나님의 은혜의 빛을 보는 느낌이다.

고, 앞뒤가 다르기도 했습니다. 바벨론 사람들의 신들은 가끔은 폭력적이거나 권위적이기도 했지만, 대부분은 인간 삶의 근거리에서 더불어 살며 바벨론 사람들이 가져다주는 제물을 즐기며 인간이 원하는 필요를 채워주는 존재였습니다. 바벨론 사람들에게 신들은 자기들이 세운 거대한 제국의 디딤돌 같은 존재였고, 동시에 그들 낙관적인 진보를 위한 신선한 청량제이기도 했습니다. 그러니 바벨론 신들에게는 확실히 관용 tolerance이 있었습니다. 그런데 이스라엘 백성에게 하나님은 그런 신이 아니었습니다. 이스라엘 백성에게 하나님은 필연의 존재였고, 무엇보다 실제적이었으며, 실전적인 영향력이었습니다. 그들은 안락한 예루살렘이 아닌 척박하고 고통스러운 바벨론에서 그 실물 하나님을 경험하고 있었습니다.

바벨론에 거주하는 이스라엘 백성은 이제 아담 부부가 불순종으로 경험한 징계 양상 읽어내려가기 시작했습니다. 여자는 자녀를 낳는 고통을 품고 살아야 했습니다. 여자에게는 이제 자신과 자녀의 안정을 위해 남자가 필요했고, 그 덕분에 남편의 다스림을 받아야 했습니다.창 3:16 아담에게도 징계가 임했습니다. 그는 땅과 세상이 그를 받아들이지 않는 현실을 경험하며 살게 되었습니다. 그와 그의 가족이 살려면 그 모든 저항을 이기고 수고해야 합니다.창 3:17-19 그런데 이것이 전부가 아니었습니다. 아담 부부는 에덴동산에서도 추방되었습니다.창 3:24 다시 돌아가려해도 그럴 수 없습니다. 하나님의 자비와 은혜가 있던 곳으로부터 추방되어 거절 가득한 타향에서 덧없이 죽어야 하는 것이 아담 부부 불순종의 결과였습니다. 하나님은 아담 부부에게 당신의 공의를 분명히 실현하셨습니다. 바벨론에서 이스라엘 백성은 창세기의 그 이야기를 또렷이 읽었습니다. 그리고 심판하시는 하나님이 참 하나님이심을 깨달아 고백했습니다.

유일하신 하나님께 드리는 기도

하나님 우리의 자만어린 편의가 아닌 하나님의 공의로운 판단 앞에 서는 겸손을 품게 하소서.

Forty day Meditations for Spiritual Pilgrims

타락과 불순종의 길

Forty day Meditations for Spiritual Pilgrims

타락과 불순종의 길

11 덧없이 수고하는 삶 창세기 3장 20~24절
12 생육하고 번성하는 사명 창세기 4장 1~2절
13 가인, 더욱 멀어지다 창세기 4장 3~17절
14 죄악으로 가득한 세상 창세기 4장 18~24절
15 무너지는 하나님의 사람들 창세기 6장 1~4절
16 하나님의 머뭇거리는 심판 창세기 6장 5~8절
17 죄가 다시 싹을 틔우다 창세기 9장 19~29절
18 시날에서 하나님께 도전하다 창세기 11장 1~5절
19 악한 마음으로 흩어지다 창세기 11장 5~9절
20 가인의 계보 창세기 10장 6~20절

창세기 3장 20~24절

족장의 길 묵상 11

덧없이 수고하는 삶

이스라엘 백성이 보기에 바벨론은 망각의 도시였습니다. 바벨론 사람들에게는 오래전 모든 인간의 조상 아담과 그 아내가 벌인 불순종에 관한 기억과 이야기가 없었습니다. 자기들은 어느 날 갑자기 신들의 편리를 위해 세상에 내던져졌다고 생각한 것입니다. 그들은 그렇게 메소포타미아 두 강 사이 들판에서 신들이 지시한 대로 강을 파고 운하를 만들고 논과 밭과 과수원을 만들고, 그리고 신전과 왕궁과 그들의 거주지와 도시를 건설했습니다. 바벨론 사람들은 자기들이 신들의 봉사자로 세상에 던져진 이래, 꾸준히 신들을 섬기고 스스로 먹고사는 가운데 작금의 진보를 이루게 되었다고 생각했습니다. 바벨론 사람들은 신들에 의해 주어진 삶, 신들이 던져준 과제를 수행하는 삶, 그렇게 신들과 진보하여 발전하는 인간사의 인과적 전개에 대해 문제를 제기하지 않았습니다. 그들은 신들에 의해 주어진 삶과 신들에 의해 거두어지는 삶을 인간사 진보progress in human history의 자연스러운 일부라고 생각했습니다.

이스라엘 백성은 바벨론 사람들과 다른 방식으로 인간사 전개를 보았습니다. 창조의 시대에 아담을 비롯한 인간 모두에게는 하나님 동산에서 영원히 살며 하나님과 동행하는 가운데 세상 만물을 창조 질서로 가꾸는 사명이 주어져 있었습니다. 모든 것은 완벽했습니다.

타락과 불순종의 길

반 시에는 호수를 끼고 우뚝 선 작은 산이 하나 있는데 그 위에 오래된 성채가 있다. 폐허지만 여전히 우뚝 선 성채는 자만으로 온 세상을 덮으려는 불순종한 인간의 모습처럼 주변 도시 모든 것을 압도한다

그런데 불순종이 그 모든 것을 어그러뜨렸습니다. 하나님께서는 인간의 불순종을 좌시하지 않으시고 하나님 자신과 인간 사이에 거리를 만드셨습니다. 결국에 여자인 아내는 남자의 보호와 인도 아래 해산과 자식 양육의 수고를 평생 안고 살아야 했습니다. 남자인 아담은 평생 수고로이 살아야 했습니다. 무엇보다 아담은 평생 하나님 창조 세계와 세상의 거절과 배제를 경험해야 했습니다. 아담은 끊임없이 좌절하고 절망해야 했습니다. 가장 서글픈 것은 그다음입니다. 아담은 그 모든 수고의 결실을 덧없이 흘려보내고 스스로 땅adamah, ground으로 돌아가야 했습니다.창 3:19 그는 결국에 죽어 그가 원래 만들어졌던 흙으로 복귀해야 했습니다.

하나님과 인간 사이에는 무시무시한 단절rupture이 발생했습니다.

이제 하나님의 은혜의 흐름은 당연한 듯 인간에게 주어지지 않습니다. 인간의 모든 수고 역시 고스란히 하나님께 영광으로 이어지지 않습니다. 그러나 희망은 남아 있었습니다. 하나님께서는 인간이 스스로 '부끄러움'shame을 가리기 위해 임시방편으로 만든 옷을 대신해 주셨습니다. 다른 피조물의 '희생'sacrifice으로 만들어진 '가죽옷'을 그들에게 주신 것입니다.창 3:21 그렇게 하나님께서는 그들의 다 가려지지 않는 부끄러움과 죄책감을 가려주셨습니다. 이것은 하나님 편에서의 새로운 국면 시작을 의미했습니다. 아담도 가만히 있지 않았습니다. 그는 아내에게 '하와'chavah, 생명 혹은 삶라는 이름을 지어주었습니다. 그는 피조물로서 인간의 수고로운 삶이 '하와'의 자녀 생산 수고로 더불어 계속되어야 함을 분명히 했습니다. 그래서 하나님과 인간 사이는 다시 가까워질 기회와 길이 모색되었습니다. 인간 회복의 길은 이제 다시 시작입니다.

유일하신 하나님께 드리는 기도
낙관의 낭만적 진보가 아닌 불편한 단절 속 희망이 인간 회복의 참된 길임을 보게 하소서.

족장의 길 묵상 12

창세기 4장 1~2절

생육하고 번성하는 사명

'작은 창세기'라고 불리는 구약 외경 <희년서>*the Book of Jubilee*는 에덴 동산에서 쫓겨난 아담과 하와의 이야기를 심도 있게 다룹니다. 아담은 에덴동산에서 나와서 엘다Elda라는 땅에서 살았습니다. 그는 거기서 자기 부인의 이름을 '하와'라고 지어주었습니다. 아담은 이때 아내와 사랑을 나누고 나면 고통스러운 해산으로 자녀를 얻게 되리라는 것을 알았습니다. 그러나 아담은 당장에 그 방법을 사용하지 않았습니다. 그는 한 번의 '희년'Jubilee 즉, 일곱 해를 일곱 번 곱한 49년이 지나고 50년 째 되는 첫 번째 희년이 되어서야 아내와 사랑을 나누었습니다. 아담은 이때 아내 하와로 더불어 첫 아들 가인Cain을 얻게 됩니다.희년서 3:34 그가 아내와 더불어 한 이불을 덮지 않은 것은 그로 인해 세상과 인간에게 죽음이 주어졌다는 사실에 대한 일종의 속죄의 마음 때문이었습니다. 유대인 랍비들은 그런 아담을 이렇게 묘사합니다. "그는 그 기간 동안 단식하고 아내와 따로 지내며 무화과나무 잎을 몸에 둘렀다."

아담은 자기 잘못으로 인간에게 죄과가 주어졌음을 잘 알았습니다. 그는 한동안 근신했습니다. 그러나 아담이 그 기간 아무 것도 하지 않은 것은 아니었습니다. 희년서에 의하면 아담은 에덴동산에서 하나님께로부터 배우고 익힌 방법 그대로 그에게 주어진 새로운 땅

반을 떠나 방문하는 도시 디야르바크르Diyarbakir에는 오래된 성곽이 있다. 백년 전 이 도시 사람들은 아르메니아 기독교인 수만 명을 이 성곽 밖으로 몰아내고 학살했다. 인간의 교만은 쉽게 잔인한 폭력으로 이어져 왔다. 디야르바크르의 슬픈 역사가 그것을 보여준다.

을 경작했습니다.희년서 3:35 그러나 그 땅은 에덴동산과 같지는 않았을 것입니다. 그 땅은 척박했고, 거기 동물들은 아담에게 공격적이었습니다. 그럼에도 아담은 성실하게 자기에게 주어진 '경작'abad의 사명을 다했습니다. 경작이야말로 그가 지음받은 이유였고 하나님 앞에 바르게 사는 방법이었기 때문입니다. 그뿐이 아니었습니다. 그는 하와와 더불어 자녀를 낳고 기르는 일, 그래서 일가를 이루고 확장하는 일에도 최선을 다했습니다. 그렇게 아담은 하와로 더불어 첫아들 가인을 얻고 이어서 둘째 아들 아벨Abel을 얻었습니다. 하나님께서는 아담과 하와의 신실함을 외면하지 않으셨습니다. 그리고 그들에게 생

육과 번성의 길을 열어주셨습니다.창 4:1-2

하나님께서는 '당신의 형상'대로 사람을 지으시고서 "생육하고 번성하여 땅에 충만할 것", 그리고 그 땅과 피조물을 다스릴 것을 명령하셨습니다.창 1:28 중요한 것은 생육하고 번성하여 다스림의 사명을 이어가는 것입니다. 아담은 에덴동산에서 쫓겨난 후 이 가능성에 대해 살폈습니다. <희년서>의 기록처럼 그는 한 동안 근신한 뒤 자신과 하와에게 생육과 번성의 기회가 여전한지 살폈습니다. 그리고 '하나님으로 말미암아' 두 아들을 얻었습니다. 하나님께서 그와 하와에게서 '인간 창조 사명'을 거두어들이지 않으신 것입니다. 아담은 아직 기회와 사명이 있음을 알고 기뻤을 것입니다. 이 사명 테스트는 이후 애굽에서도, 그리고 바벨론에서도 이루어졌습니다. 그때 이스라엘 자손은 그리고 하나님의 백성은 그들에게 사명 기회가 남아 있음을 알고 감사했습니다. 오늘 죄 가운데 있고 절망 가운데 있다 해도 여전히 사명을 거두지 않으시는 하나님을 경험해야 합니다. 나와 우리, 피조세계의 미래 희망이 거기에 있습니다.

유일하신 하나님께 드리는 기도

하나님, 어떤 절망적인 상황에라도 하나님께서 지키고 여시는 미래 희망을 보게 하소서.

창세기 4장 3~17절

족장의 길 묵상 13

가인, 더욱 멀어지다

아담이 생육하고 있다는 증거인 두 아들은 아담의 진정한 결실이 되지 못했습니다. 첫째 아들 가인이 농사를 짓는 사람이었는데, 그만 들판에서 형제 아벨을 죽이고서 부모 품을 떠나버린 것입니다. 두 형제는 모두 하나님 앞에 나와 제단을 쌓고 하나님께 제물을 드렸는데, 하나님께서 가인은 받지 않으시고 아벨은 받으셨습니다.창 4:4-5 그는 화를 내며 마음을 완악하게 하고 스스로 낯빛을 바꾸었습니다. 하나님께서는 그의 마음을 돌이키려 하셨지만, 가인은 받아들이지 않았습니다. 그렇게 결국 들판에서 자기 친동생을 죽이고 말았습니다.창 4:8 이 사건으로 땅은 가인을 완전히 배척하기에 이릅니다. 가인은 아버지 아담의 일, '피조세계 경작하는 일'을 이어갈 수 없게 되었습니다. 결국 가인은 하나님으로부터 그리고 부모로부터 떠나 놋Nod 땅에서 살게 되었습니다.창 4:16 '놋'은 어느 지명이라기 보다는 방랑wandering의 의미가 더 강합니다. 가인은 거절당하는 두려움으로 방황하는 사람이 되었습니다.

가인의 제사는 '임의 선택의 겉치레 행위'Tokenism였습니다. 그와 동생 아벨은 하나님 제사장의 사명을 갖고 있었습니다. 가인은 자기 임의로 제사의 내용과 방법을 선택해 드리는 죄를 저지르고 맙니다. 아벨의 정성스러운 첫새끼 제사에 비교되어 가인은 자신의 소출 가운

튀르키예 동남부 작은 도시 마르딘Mardin 인근에는 데이룰자파란 수도원Deyrulzafaran이 있고 그 뜰에는 기도를 위한 작은 레버린스가 있다. 불순종으로 하나님과 멀어진 인간의 마음은 이런 식으로 하나님과 가까워지기 위한 영적인 노력이 필요하다.

데 좋지 못한 것을 임의로 선택해 그것으로 하나님을 위한 제단을 채웠습니다. 하나님께서는 가인의 제사를 받지 않으셨습니다. 가인은 자기 선택과 행위를 정당화합니다. 하나님의 꾸준한 설득을 외면하면서 결국 동생을 죽이고 맙니다. 가인은 하나님의 말씀대로 자기 집 문 앞에 엎드려 있던 '죄'에게 온전히 먹히고 맙니다.창 4:7 그는 죄를 다스리지 못했고, 결국 그것에 삼켜지고 맙니다. 그러나 하나님께서는 늘 신실하십니다. 하나님께서는 가인에게 '표'sign를 주셔서 회복의 기회를 여셨습니다.창 4:15 그러나 가인은 그때 하나님과 부모 곁에서 더 멀어집니다. 그는 믿지못할 자신을 더 의지하는 길로 나아갑니다.창 4:16

가인은 하나님과의 관계를 더욱 벌려놓았습니다. 출발지는 마음이었습니다. 가인은 잘못된 생각을 품고 있었습니다. 그의 잘못된 생각은 곧 잘못된 제사로 이어지게 되고 그렇게 그는 마음에서부터 하나님과 멀어지는 관계가 됩니다. 하나님께서는 그런 가인을 돌이키려 애쓰십니다. 그러나 가인은 그 권유를 받아들이지 않고 옳지않은 삶의 태도로 나아갑니다. 그리고 결국에 동료 인간, 형제에게 폭력을 휘두르고 피를 보는 지경에까지 이르게 됩니다. 가인 마음의 잘못된 신학적 방향theological orientation은 잘못된 태도와 행동으로 이어지게 되고, 그렇게 윤리적 파국ethical catastrophe으로 치닫습니다. 그것이 끝이 아닙니다. 그의 죄는 하나님에게서 그리고 동료 인간과 피조 세계로부터 멀어지는 '소외'alienation의 결과로 이어지게 됩니다. 누구에게도 용납받지 못한다는 고립감 속에서 가인은 자기만의 '죄 가득한 세상'을 창조합니다. '에녹성'the City of Enoch의 등장입니다.창 4:17

유일하신 하나님께 드리는 기도

하나님, 오늘 내가 선택하여 가는 길이 하나님을 향한 신실한 믿음의 길이 되게 하소서.

족장의 길 묵상 14   창세기 4장 18-24절

죄악으로 가득한 세상

바벨론 사람들은 그들의 문화가 처음 꽃피우기 시작할 때 '일곱 명의 현명한 사람들'the seven sages이 있었다고 말합니다.*Bit merisi* 점토판 첫 현자는 에리두의 왕 '아다파'였습니다. 그는 하늘 신들의 배려와 도움으로 세상 첫 나라를 세우고 기초를 다지는 과업을 수행했습니다. 그리고 아다파의 왕위를 이은 여섯 명의 현명한 사람들은 인간 최초의 지혜apkallu, wisdom를 그들이 다스리는 세상에 전하고 사람들을 가르쳐 도시와 신전과 집 그리고 농토를 개발하도록 도왔습니다. 일곱 명의 현자들은 단순히 인간과 사회를 위한 물리적인 공간 창조를 이끈 것이 아니었습니다 현자들은 명철明哲,comprehensive understanding이나 멋진 운명 good destiny을 개척하는 것 등이 충만하도록 세상을 인도했습니다. 일곱 현자는 결국 바벨론 땅 나라들과 사회를 낙관적으로 발전하는 진보로 인도했습니다. 바벨론 신들은 이들 현명한 사람들을 도왔고, 바벨론의 백성들은 그들 왕의 현명한 통치를 즐거워했습니다.

그런데 바벨론의 하나님 백성은 이런 식의 이야기를 받아들일 수 없었습니다. 아담 이래 인간 삶에 들어온 하나님께 불순종한 죄는 가인에게서 패륜적 범죄로 이어졌고, 결국에 가인과 그 후예는 하나님의 세상 외진 곳에서 창조 섭리나 질서와는 동떨어진 그들만의 삶의 방식을 세워갔습니다. 가인은 아다파와 비견할만한 존재로 타락한

족장의 길 순례에는 고대의 수많은 전투로 유명한 갈그미스Carchemish가 있다. 갈그미스는 오직 전쟁만을 위한 도시였다. 사진은 갈그미스에 남아 있는 앗시리아 시절 스핑크스 유적이다.

인류 최초의 도시 '에녹'을 세웠습니다. 가인의 후계자들도 바벨론 일곱 현자들과 비견될 수 있습니다. 가인으로부터 일곱 계보는 타락한 인간 세상에 도시와 중혼제polygamy, 술과 음악, 금속 기구 및 유희 추구 등 소위 인간 문명이기文明利器들을 만들어 내는 일에 선구자들이었습니다.창 4:17-22 가인의 계보는 확실히 하나님과 하나님 창조 질서로부터 멀어지고, 하나님 창조 사명으로부터 거리를 두는 방식의 인간 진보를 추구했습니다. 가인의 계보는 자기들의 부패와 연약함을 감추고 온갖 이기들로 스스로를 치장한 뒤 하나님 피조세계를 그들의 '부패한 경작'으로 차지하려 했습니다.

가인의 계보는 타락한 인간의 세상 문명 구축과 하나님과의 관계

타락과 불순종의 길 **67**

소원에 관한 기록입니다. 그 정점에는 '라멕'Lamech이 서 있습니다. 라멕은 폭력과 살인을 즐깁니다. 그는 아들 두발가인이 만든 무기로 가벼이 사람을 해치고 죽이기까지 했습니다. 그는 자기 폭력을 정당화하며 야발이 만든 술을 마시고, 나아마의 춤을 곁들여 유발의 악기를 연주하면서 두 아내를 향해 노래를 부릅니다. "나의 상처로 말미암아 내가 사람을 죽였고 나의 상함으로 말미암아 소년을 죽였도다 가인을 위하여는 벌이 칠 배일진대 라멕을 위하여는 벌이 칠십칠 배이리로다"창 4:23-24 라멕은 하나님이 불필요한 세상, 이기심과 쾌락, 폭력으로 가득한 자기 중심 세상을 선언합니다. 앗수르와 바벨론 왕들의 폭력을 목격하고 그들에 의해 포로로 끌려온 하나님의 백성은 바벨론이야말로 라멕의 노래가 울려퍼지는 곳임을 알게 되었습니다. 하나님 백성은 가인과 그 자손의 이야기를 읽으며 세상 도시와 문명의 정체를 확신하게 되었습니다.

유일하신 하나님께 드리는 기도
주여, 완악한 길을 가는 세상 가운데서 하나님께 나아가는 길을 보게 하소서.

창세기 6장 1~4절

족장의 길 묵상 **15**

무너지는 하나님의 사람들

하나님 백성은 바벨론에서 고대 영웅들에 관한 이야기를 들었습니다. 에리두의 왕이었던 아다파로 시작되는 고대 영웅들의 이야기는 일곱 명의 현자들에 이어 다소간 현자들에게 미치지 못하는 폭력적이고 이기적이며 야만스러운 존재들, '길가메시'Gilgamesh나 '엔키두'Enkidu와 같은 영웅들에게로 이어집니다. 이 두 영웅은 매우 힘이 셌습니다. 그들은 처음 매우 야만스러운 방식으로 세상과 사람들을 대했습니다. 자연과 세상을 함부로 파괴하거나 그들 욕구에 따라 다루었고, 사람들을 자기들 필요와 욕망에 따라 폭력적으로 상대했습니다. 하늘의 신들은 이들을 길들이기로 했습니다. 그래서 엔키두를 다스릴 여신을 보내 그를 길들이고, 길가메시와 둘이 친구가 되도록 합니다. 두 영웅은 이후 힘을 합쳐 세상 여기저기를 다니며 악한 존재들을 물리치고 세상을 평화롭게 하는 일을 위해 수고합니다. 그리고 길가메시는 후일 우르크라는 나라의 왕이 되어 위대한 왕들의 계보를 잇습니다.

흥미롭게도 성경 창세기에도 영웅들의 이야기가 등장합니다. 상당부분을 차지하지 않지만 그래도 창세기 이야기를 이어가는 중요한 자리에 위치해 있습니다. 창세기 6장 1~4절입니다. 창세기 이야기에 의하면 하나님의 백성은 인간 세상 초기 영웅들이 "하나님의 아들

마르딘 남쪽 광활한 메소포타미아 평원에는 오래된 유목민의 도시 다라Dara의 유적지가 남아 있다. 그런데 더운 여름에 이 유적지를 방문하려면 살인적인 뙤약볕을 감당해야 한다. 들판 한복판에 있는 도시 유적을 방문하려면 강렬한 태양신의 허락을 받아야 한다는 말이 있다.

들" 즉, 하나님의 사람들이 타락한 인간의 딸들과 함께 살기 시작하면서 세상에 나온 자식들이라고 보았습니다. 하나님께서 가인과 아벨 이후 아담과 하와에게 주신 셋Seth의 자손들이 이미 세상 곳곳에 자기들 도시를 세우고 있던 가인의 자손들과 뒤섞여 살면서 탄생한 것이 영웅들이라는 것입니다. 두 계보 사이에서 태어난 혼종들은 고대의 "용사들" 즉, "명성이 있는 사람들"로 영웅시되었습니다.창 6:4 여기서 하나님의 백성은 그들이 살던 가나안에서 오래전부터 내려오던 이야기 가운데 네피림Nephilim 즉, 거인들giants에 관한 이야기가 있었다는 것을 상기하고서, 그 네피림이 바로 고대의 영웅이요 용사들이라

고 설명합니다.히브리서 5:1

네피림과 용사들 이야기는 창세기 이야기 전개에서 갑작스레 끼어들어온 앞뒤 없는 이야기 즉, '토르소'torso, 문맥 연결이 되지 않는 이야기로 보이기도 합니다. 그러나 창세기 6장 1~4절은 특히 가인의 계보를 이야기하는 맥락에서 중요합니다. 창세기는 이들 네피림과 용사들의 이야기에서 인간 타락이 특정인에게 제한된 것이 아니라는 사실을 가르칩니다. 아담의 자손이라면 누구나 구원의 대상이기도 하지만, 동시에 죄의 주체자로 타락한 존재로 살아갈 수 있습니다. 하나님의 백성은 창세기 이야기에서 죄의 계보가 가인에게 국한되지 않는다는 사실을 깨달았습니다. 셋에게서 나온 사람도 죄의 유혹을 이기지 못하고 타락하여 가인의 계보에 편승할 수 있습니다. 창세기 6장 네피림과 용사들이 바로 그 증거입니다. 그들은 유명했지만 타락했고, 탁월했지만 가인의 계보에 서 있었습니다. 바벨론에서처럼 하나님의 백성은 항상 가인의 계보와 섞여 살아갑니다. 언제든 죄의 종이 될 수 있고 가인의 계보에 자기 이름을 올릴 수 있습니다. 지금 신실하여도 언제든 무너질 수 있습니다.

유일하신 하나님께 드리는 기도

하나님, 제가 언제나 당신을 향한 신실한 믿음의 계보에 서 있게 하여 주시옵소서.

족장의 길 묵상 **16** 창세기 6장 5-8절

하나님의 머뭇거리는 심판

세상 홍수 이야기는 창세기에만 기록된 이야기가 아닙니다. 세상 대부분의 오래된 이야기에는 세상이 물로 뒤덮인 적이 있다는 이야기를 전합니다. 바벨론에도 이런 이야기가 전해집니다. <아트라하시스>에 의하면 신들은 세상과 인간을 창조하고 얼마 지나지 않아 인간들이 시끄럽다는 것을 깨닫게 됩니다. 신들은 곧 시끄러운 인간들 사이에서 쉴 틈을 찾지 못하게 되었습니다. 그때 신들이 이야기합니다. "인간의 소음이 너무 많게 되었다. 나는 소란스러운 그들에게 둘러쌓여 잠을 이루지 못하고 있다. 그러니 그들에게 재앙이 풀어지도록 명하라." *Athrahasis*, vii 그렇게 세상에 홍수가 시작되었고 신들에게 신실했던 '아트라하시스'혹은 <길가메시 서사시>의 우트나피쉬팀 같은 이들을 제외한 모든 인간과 피조물이 여지없이 죽게 됩니다. 바벨론 사람들의 세상 홍수는 인간의 소란스러움을 이기지 못한 신들의 불평과 불만에서 시작되었습니다. 신들은 단순히 시끄럽다는 이유로 그들이 창조한 인간을 쓸어버립니다.

그 시절 바벨론 포로였던 하나님의 백성은 바벨론 사람들의 홍수 이야기와 비교해 자기들에게 전해지는 홍수 이야기를 돌아보았습니다. 물론 창세기의 하나님 역시 홍수로 세상과 당신 최고의 피조물 인간을 심판하고 쓸어버리셨습니다. 그러나 하나님의 이유와 과정은

예수님 시절 튀르키예 동남부에는 로마제국과 파르티아 사이 대립을 두고 시소게임을 하던 몇 나라가 있었습니다. 사진은 그 가운데 하나 콤마게네Kommagene 왕국의 안티오쿠스 1세의 무덤이 있는 넴루트 산Nemrut Mountain의 전경이다.

바벨론 신들의 것과는 달랐습니다. 하나님의 심판에는 귀찮은 마음이 없었습니다. 하나님께서는 "사람의 죄악이 세상에 가득함과 그의 마음으로 생각하는 모든 계획이 항상 악할 뿐"이라는 것을 분명히 보셨습니다.창 6:5 그리고 사람 지으신 것을 "한탄"feel sorry하시고 그들에 대해 "마음에 근심"grieved in His heart하셨습니다.창 6:6 그러나 하나님께서는 심판을 향해 맹렬히 달려가지 않으셨습니다. 하나님께서는 세상에 사람을 만드신 일을 안타깝게 여기셨습니다. 그리고 그 아픔을 충분히 느끼셨습니다. 하나님의 백성은 홍수 심판을 앞둔 하나님의 마음이 복잡했음을 보았습니다. 하나님께서는 마지막까지 긍휼어린 마음을 품으시는 분이셨습니다.

창세기 하나님께서는 심판과 구원 사이에서 고민하십니다. 하나님께서는 일단 심판을 결단하십니다. "내가 창조한 사람을 내가 지면에서 쓸어버리되 사람으로부터 가축과 기는 것과 공중의 새까지 그리하리니"창 6:7 그러나 하나님께서는 처음 세상과 사람을 창조하셨을 때 "좋았던" 그 마음을 내려놓지 않으셨습니다. 그 때 하나님의 마음을 읽은 사람이 있었습니다. 노아입니다. 세상 심판이 목전일 때 "노아는 하나님에게서 은혜를 입습니다."창 6:8 사실 이 구절은 별도의 해석이 필요합니다. 이 구절은 "노아가 주님의 눈에서 선의를 보았다"고 읽어야 합니다.Noah found favor in the eyes of the LORD, NASB 노아가 보기에 하나님의 심판은 확실합니다. 그런데 하나님께서는 지금 심판을 주저하고 계셨습니다. 노아 보기에 심판 전에 아담이나 가인에게 주셨던 기회를 이번에도 제공해야 하지 않을까 생각하고 계신 것입니다. 제 아무리 타락하여 죄 많은 인간이라도 구원받을 기회를 찾을 수 있어야 합니다.

유일하신 하나님께 드리는 기도

주여 우리의 모든 죄악 가운데서조차 긍휼하심 가운데 하나님 구원의 기회를 보게 하소서.

창세기 9장 19~29절 — 족장의 길 묵상 17

죄가 다시 싹을 틔우다

바벨론 사람들 사이에는 홍수에서 생존한 한 인물이 존재합니다. 그의 이름은 '우트나피쉬팀'Utnapishtim이었습니다. 그는 신들이 거주하는 신전의 제사장이었는데, 어느날 최고의 신 '에와'에게서 세상 멸망의 비밀 이야기를 들었습니다. 우트나피쉬팀은 곧 튼튼한 배를 만들었습니다. 그리고 자기 가족과 아는 사람들 그리고 여러 동물과 식물들을 실었습니다. 그렇게 홍수를 이겨낸 우트나피쉬팀은 니시르 산Mount Nisir에 배를 대고 함께했던 사람들과 함께 새로운 세상을 열었습니다. 그때 신들이 홍수로 끝장난 세상을 구경하러 왔습니다. 그리고 우트나피쉬팀과 그의 사람들이 생존한 것을 보고 화를 냈습니다. 에와는 그런 신들의 분노를 가라앉히고 생존한 인간들과 동식물들이 세상에서 안전하게 다시 살아가도록 하자고 제안합니다. 그렇게 우트나피쉬팀은 생명을 실린 지혜를 인정받아 신적인 삶을 살게 됩니다. 그리고 그의 동료 인간들은 다시 세상에서 신들을 위해 그리고 자신들을 위해 다시 도시를 건설합니다.

창세기 홍수 이야기에서 하나님께서는 홍수를 기점으로 조금의 여유를 예고하십니다. 노아를 비롯한 생존자들은 아라랏 산Mountain Ararat 인근에서 새 삶을 시작했습니다.창 8:4 그때 하나님께서는 화만 내던 바벨론 신들과 달리 그들을 축복하시며 다시 사명을 내려주셨습니니

타락과 불순종의 길 75

족장의 길 순례길에서 들르는 마르딘의 데이룰자파란 수도원의 전경이다. 수도원은 중동과 일대가 이슬람화 된 후에도 남아 시리아 정교회의 총본산으로 오랫동안 자리를 지켰다.

다. "너희는 생육하고 번성하며 땅에 가득하여 그 중에서 번성하라." 창 9:7 그런데 이번에는 조정이 있습니다. 땅은 무조건 그들을 거부하지 않을 것입니다. "땅이 있을 동안에는 심음과 거둠과 추위와 더위와 여름과 겨울과 낮과 밤이 쉬지 아니하리라" 창 8:22 그러나 하나님께서는 인간에게 내재한 악함을 여전히 보고 계십니다. 창 8:21 인간의 교만이 영속하는 것을 원하지 않으셨습니다. 그래서 하나님께서는 노아의 경작 사명이 계절의 흐름 속에서 이루어지도록 하십니다. 이제 땅은 봄과 여름, 그리고 가을에 인간의 노동에 대해 여유로워질 것입니다. 그래서 노아는 그 범위 안에서 새로이 '경작 문화'cultivation culture를 세워갑니다.

노아는 이제 구원의 배를 만드는 사람에서 밭을 가는 경작자가 되었습니다.창 9:20 그는 아라랏 산 인근에서 포도를 재배했고 그것으로 '먹을 양식'과 '즐길 술'을 만들었습니다. 그런데 그가 재배한 포도가 싹을 틔우고 결실하는 것처럼 그의 집안에서도 죄와 악의 씨앗이 나고 자라기 시작했습니다. 노아가 포도의 부산물로 술을 만들어 마시고 취해 벗은 채로 자고 있을 때, 아들 가운데 가나안Canaan의 아버지 함Ham이 와서 그를 희롱한 것입니다. 함의 '보는 방식'*ra'ah*은 지나가다 힐끗 보는 것과는 다른 것이었습니다.창 9:22 그것은 주목하여 보는 것이었고, 성적인 탐욕으로 보는 것이었습니다. 그는 특히나 동성인데다 아버지인 노아를 두고서 음란한 관심voyeurism을 드러냈습니다. 함의 행동은 다른 형제, 야벳Japheth과 셈Sem이 보인 정중한 예의와는 다른 것이었습니다.창 9:23 하나님과 노아의 노력으로 사라진 인간의 죄는 다시 싹을 틔우고 자라나고 있었습니다. 이스라엘 하나님 백성의 창세기는 그저 재미있는 홍수 이야기를 넘어서 홍수 이후 다시 자라는 죄와 악에 주목합니다.

유일하신 하나님께 드리는 기도
우리가 주의 이름으로 경작하는 모든 삶의 현장에서 오직 은혜만 결실하게 하소서.

족장의 길 묵상 18   창세기 11장 1~5절

시날에서 하나님께 도전하다

바벨론 사람들은 홍수 이야기를 기점으로 이전과 이후 시대로 그들의 역사를 구분합니다. 홍수 이전 시대는 이미 언급한 것과 같이 아다파를 시작으로 하는 일곱 현자의 시대였습니다. 그 시대 세상의 중심은 에리두Eridu였습니다. 에리두 시대 사람들은 나름의 지혜와 명철로 번성했습니다. 그런데 어느 시점에 신들의 분노로 에리두의 세계는 홍수를 겪게 되고 인간들이 만든 모든 것은 사라지게 됩니다. 홍수 이전 시대가 끝난 것입니다. 이제 인간 세상은 생존자들에 의해 다시 시작됩니다. 이때 새로운 문명을 건설한 사람들은 완전히 새로운 시대를 열었습니다. 그들은 특히 여러 역사적인 도시들을 건설했습니다. 이전 시대 에리두를 포함, 키시Kish, 이신Isin, 우르크Uruk와 우르Ur 등이 바로 그들이 세운 도시들입니다. 이 시기 도시의 중심은 키시에서 우르크로 그리고 우르로 넘어가게 됩니다. 우리는 이 시대 사람들이 지은 거대하고 높은 지구라트Zigurat 같은 '벽돌'창 11:3로 지은 건축물들을 알고 있습니다.

이스라엘 백성은 바벨론 사람들이 말하는 역사 이야기가 오래전 그들 조상이 경험한 바벨탑 이야기와 맞아떨어진다는 것을 알게 되었습니다. 이스라엘 백성은 창세기 바벨탑 이야기를 새로운 마음으

튀르키예 타우르스 산맥의 위용이 잦아들어 그 끝이 보이는 자리에 작지만 아름다운 고대 도시 마르딘이 있다. 마르딘은 평원이 내려다보이는 산 정상과 자락에 안락하게 자리하면서 주변 모든 평원 지역의 움직임 대한 관찰소로 작동한다.

로 읽었습니다. 노아의 세 아들은 아라랏을 중심으로 세상으로 퍼져 나갔습니다. 야벳 자손은 지금 튀르키예 서쪽과 북쪽 지역으로 나아 갔습니다.창 10:1-5 함의 자손은 지금의 이집트와 아프리카, 그리고 가나안 일대에 정착했습니다.창 10:6-20 그리고 셈은 가나안 위쪽 아람으로부터 메소포타미아 북쪽, 그리고 아래쪽 페르시아만 동편과 남편에 주로 정착했습니다. 여기서 창세기는 특별히 함의 자손 가운데 용사로 일컬어지는 니므롯Nimrod에게 집중합니다. 함의 계보에서 니므롯은 동편 시날 땅the land of Shinar즉, 메소포타미아 두 강 사이로 나아가 바벨Babel과 에렉Erek과 악갓Accad, 갈레Calneh라는 도시를 짓고,창 10:10 이후 니느웨Nineveh와 르호보딜Rehoboth-Ir과 갈라Calah, 레센Resen 등을 건설합니다.

니므롯은 원래 살던 아프리카에서 벗어나 동편 '시날'로 이동했습니다.창 11:2 니므롯은 셈의 자손들이 거주하는 곳 한복판에 자신의 도시를 건설합니다. 니므롯이 이룬 업적 가운데 대단한 것은 따로 있었습니다. 바로 하나님과 맞설 '높은 탑'을 건설하는 것이었습니다. 창세기는 그의 건설을 이렇게 기록합니다. "말하되 자, 성읍과 탑을 건설하여 그 탑 꼭대기를 하늘에 닿게 하여 우리 이름을 내고 온 지면에 흩어짐을 면하자."창 11:4 니므롯은 당대 세상을 폭력으로 다스릴 성읍을 건설하고, 사람들을 동원해 벽돌을 굽는 등 노역을 시켜 하나님과 맞설만한 '높은 탑'을 건설했습니다. 그 성읍과 '높은 탑'을 중심으로 자기 권력을 군건하게 하는 일이 바로 가인과 함의 자손 니므롯이 벌인 일의 실체였습니다. 니므롯의 도시 건설은 확실히 가인과 라멕의 악한 계보를 잇는 모습입니다. 이스라엘 백성이 보기에 그 가인의 계보는 이제 애굽을 이어 바벨론과 여러 제국들 가운데 계속 이어지고 있습니다. 시날 땅의 도전은 역사 내내 계속되어 온 인간 교만의 역사적 주제였던 것입니다.

유일하신 하나님께 드리는 기도

포로되었던 이스라엘 백성들처럼 우리도 이 시대의 실체, 바벨탑을 분별하게 하소서.

창세기 11장 5~9절

족장의 길 묵상 19

악한 마음으로 흩어지다

니므롯은 가인의 계보를 이어 하나님께 저항한 사람의 전형입니다. 가인의 자손에 라멕이 있다면 함과 가나안의 자손에는 니므롯이 있었습니다. 유대인들의 사전*Jewish Encyclopedia*에 의하면 니므롯의 이름은 "그가 모든 백성으로 하나님께 저항하게 하다."라는 뜻입니다. 그는 자기가 개발한 사냥 기술로 고기를 공급해 사람들을 끌어모았고, 결국에 그의 사냥도구는 그가 모은 사람들의 무기가 되었습니다. 그는 자기를 따르는 사람들에게 그의 도시들과 탑을 건설하게 하고 자신의 기치, '하나님께 저항하는 일'에 참여하게 했습니다. 창세기 10에서 11장의 뒷이야기입니다. 머나먼 이국땅에서 포로 생활을 했던 유대인들은 바벨론에 와서 보게 된 여러 왕의 이야기와 그들의 행태를 살피다가 그들의 신앙 계보에 등장하는 니므롯이야말로 바벨론 땅 즉, 시날의 왕들의 원조라고 결론 지었습니다. 바벨론과 그 땅 제국들은 하나님께 저항하기 위해 결집한 니므롯의 후예들이었습니다.

창세기 11장 바벨탑 이야기는 그래서 유대인들에게 진지한 대목이 됩니다. 니므롯과 함의 계보에 선 사람들은 탑을 쌓아 하나님과 동등한 위치에까지 이르려 했습니다. 그들이 쌓은 탑은 곧 하나님의 관심을 끌었습니다. 하나님께서는 그 탑을 보러 하늘로부터 '내려오셨습니다.'창 11:5 하나님께서는 거기서 다시 인간의 교만과 죄를 목격하셨

마르딘에서 바라본 메소포타미아 평원이다. 마르딘은 오래전부터 메소포타미아 평원의 동태를 살피는 요새로 유명했다. 저녁 태양이 저물 무렵이면 도시 어느 곳에서나 노랗게 빛나는 광활한 평원을 한 눈에 내려다 볼 수 있다.

습니다. 그러나 그들을 즉각 심판하지 않으셨습니다. 하나님께서는 인간과 피조 세계를 파괴하는 방식의 심판을 생각하지 않으셨습니다.^{창 9:11-15} 그러나 탑을 건축하는 일은 그대로 둘 수 없었습니다. 하나님께서는 그들의 언어를 흩어버리기로 하셨습니다. 창세 이후 계속한 언어를 쓰던 사람들이었습니다. 그들의 단일 언어는 니므롯의 통치 가운데 더욱 인간 중심으로 통일되었습니다. 결국 하나님께서는 그들의 교만의 언어를 흩어버리시고 소통을 단절시키셨습니다.^{창 11:8} 니므롯의 교만스러운 공사는 그렇게 멈추게 됩니다. 그리고 사람들은 각자의 언어로 흩어지게 되었습니다.

니므롯의 탑이 하나님께 위협이 된 것은 아니었습니다. 니므롯이 제아무리 높은 탑을 쌓았어도 하나님께서는 여전히 위에서 굽어보셨고 그것을 보기 위해 위로부터 내려오셔야 했습니다.창 11:5 그러나 인간의 교만과 불순종은 좌시할 수 없는 문제였습니다. 그래서 하나님께서는 그들의 언어를 흩으셨습니다. 하나님께서는 '심판과 멸절'judgment and destruction이 아닌 '흩어버리시는 것'scattering을 선택하셨습니다. 이런 방식은 홍수 이후 하나님의 인도와 섭리의 주요한 방식이 되었습니다. 하나님께서는 즉각적인 심판보다는 구원 가능성을 보시는 분이셨습니다. 그런 면에서 바벨탑 사건 이후 인간 교만과 불순종은 완전히 근절되지 않았습니다. 죄와 악은 시날 땅을 넘어 세상 곳곳으로 흘러갔습니다. 시날을 넘어선 곳곳에서 새롭게 각자 자기들의 바벨탑을 건설하기 시작했습니다. 교만하고 악한 가인 계보 사람들의 마음은 그렇게 버섯 포자가 흩날려 새로운 음습한 곳에 기생하게 되듯 세상 곳곳에 퍼져나가게 되었습니다.

유일하신 하나님께 드리는 기도

지금도 세상 나라들의 교만함을 굽어보시고 하나님의 때를 준비하심을 우리가 알게 하소서.

족장의 길 묵상 20

창세기 10장 6~20절

가인의 계보

바벨론에 살던 하나님의 백성은 그 땅에서 특이한 것들을 보게 됩니다. 하나는 그 땅 '신들의 계보'the Genalogy of Babylonian Deities입니다. 바벨론 사람들은 신들의 계보에 관한 정리 목록을 가지고 있었습니다. 그들에게는 무수히 많은 신들이 있었고 신들은 나름의 계보를 갖고 있었습니다. 바벨론 사람들은 또한 그들 '왕들의 계보'the Genealogy of Sumerian Kings도 가지고 있었습니다. 그들은 이 계보를 통해 자기들이 어떻게 그 땅에 정착해 살게 되었고, 오늘에 이르렀는지에 관한 분명한 이해를 하고 있었습니다. '계보' 읽기는 확실히 바벨론 사람들의 정체성을 굳건하게 해 주었습니다. 바벨론 사람들이 자기들 계보를 탐독할 때 그 땅에 살던 하나님의 백성은 자기들에게도 못지않은 기원 계보가 있음을 깨달았습니다. 일단 하나님의 백성에게는 '신의 계보'가 존재하지 않았습니다. 그들에게 하나님은 이전이나 지금이나 한 분이셨습니다. 계보가 불필요했습니다. 중요한 것은 그들 조상의 기원이었습니다.

하나님 백성이 읽는 창세기에는 아담 이래로 두 가지의 계보가 등장합니다. 하나는 '가인의 계보'the genealogy of Cain이고 다른 하나는 '셋의 계보'the genealogy of Seth입니다. 가인은 동생 아벨을 죽이고 그 죄에 대한 벌로 '유리'하는 삶이 주어졌습니다. 그때 그는 하나님의 보호와

마르딘 데이룰자파란 수도원은 오래전부터 사람들이 숭배하던 태양신전 위에 세워졌다. 지금도 수도원 지하에 내려가면 고대인들이 아침마다 태양신을 맞이하던 작은 창문을 볼 수 있다.

인도를 의미하는 구원의 '표'를 받아들이지 않고, 스스로 자기를 보호하고 자기 삶을 일구기 위한 에녹성 건설로 하나님에게 반하는 삶을 선택하게 됩니다. 그는 마음으로부터 하나님에게서 멀어져 결국 그의 삶과 그의 미래 전체가 하나님과 멀어지는 길을 선택하게 됩니다. 그는 계속해서 방랑했고 거절당했으며 스스로를 타존재와 소외시키는 길로 나아갔습니다. 그런 가인의 삶을 상징하는 것이 바로 에녹성이고, 가인은 거기 에녹성을 중심으로 하나님 창조와 섭리와 사명을 잊은 자기만의 계보를 세웁니다.^{창 4:17~18} 그리고 그의 자손 라멕에게서 이기심과 쾌락과 폭력으로 점철된 인간 문명 이기들이 일어나게 됩니다.^{창 4:19~24}

타락과 불순종의 길 **85**

창세기 악한 가인의 계보는 노아 홍수 이야기로 사그라드는 국면에 들어서게 됩니다. 그런데 아담 이래 죄와 악의 유전인자는 완전히 사라지지 않습니다. 가인의 죄 가득한 계보는 함과 가나안, 그리고 무엇보다 용사 니므롯에게 계속됩니다. 가인의 죄와 악은 니므롯과 바벨탑에서 더욱 악화하는 양상입니다. 하나님께서 흩으신 후 이 악의 계보는 아므라벨Amraphel, 엘라살Ellasar, 그돌라오멜Chedorlaomer 그리고 디달Tidal과 같은 시날 땅 인근 여러 나라 왕들에게 이어지고, 소돔Sodom과 고모라Gomorrah와 같은 도시들에게로 퍼져 나갑니다. 그리고 결국에 애굽Egypt의 바로Paraoh에로 사악한 명맥을 잇습니다. 안타깝게도 가인의 계보는 더욱 번성하게 되는 국면입니다. 이렇게 본다면 가인의 계보는 앗수르와 바벨론, 바사와 헬라, 로마로 이어지고 이후 세계 여러 나라로 계속 이어졌습니다. 바벨론 신들과 왕들의 계보는 결국 가인 계보의 이방 세계 버전입니다. 하나님의 백성이 마주하는 세속의 계보들은 결국 세상과 사람들이 어떻게 하나님과 멀어지게 되었는지를 드러내는 연대기들입니다.

유일하신 하나님께 드리는 기도

세상 악이 번성하는 흐름을 눈여겨보게 하시고 그 가운데 하나님을 분별하는 지혜를 주소서.

Forty day Meditations for Spiritual Pilgrims

믿음과 순종의 길

Forty day Meditations for Spiritual Pilgrims

믿음과 순종의 길

21 새로운 희망 창세기 4장 25절
22 여호와의 이름을 부르다 창세기 4장 26절~5장 11절
23 하나님이 데려가시다 창세기 5장 11절~24절
24 하나님의 구원을 경험하다 창세기 6장 8절~10절
25 구원의 방주 창세기 6장 14~22절
26 하나님의 약속과 새로운 사명 창세기 8장 15~22절
27 세상으로 사명으로 창세기 10장 24절
28 세상 가운데 살아가기 창세기 10장 2~30절
29 거류하는 땅 우르 창세기 11장 26~29절
30 생명 결핍을 경험하다 창세기 11장 29~32절

창세기 4장 25절

족장의 길 묵상 21

새로운 희망

아벨의 죽음과 가인의 떠남 그리고 그 만의 계보 형성은 남아 있는 부모 아담과 하와에게 큰 슬픔으로 다가왔습니다. 아담과 하와는 에덴동산을 떠나던 그 시점으로 되돌아갔습니다. 그것은 무엇이 어쨌든 다시 시작되는 게임의 원위치 같은 것이 아니었습니다. 그들은 두 자녀를 잃었다는 상실감을 고스란히 안은 채 도돌이표를 돌아 첫 계이름으로 돌아온 것입니다. 타락의 죄책은 가중되었고 창조의 동어반복 사명은 어김없이 되풀이되어야 했습니다. 아담은 다시 시작되는 출발점에 서서 자책했던 것 같습니다. 희망을 잃고 절망한 채 주저앉아 있었던 것 같습니다. 아버지 아담은 자기와 꼭 닮은 아들의 불순종을 듣고 낙심했습니다. 그런데 그의 죄와 악이 친동생에게 향했음을 알고는 완전히 주저앉아 버렸습니다. 아담에게는 가인이라는 희망이 사라질 때 아벨도 함께 사라졌습니다. 그는 다시 일어설 힘을 어디서 찾아야 할지 알지 못했습니다. 그는 '생육하고 번성하는' 사명이 더는 그의 것일 수 없다고 여겼습니다.

실패자 아담은 이때 첫 인류의 대명사로 서 있지 않았습니다. 그의 이름 앞에는 정관사 'ha'_{말하자면 영어의 the}가 붙어있지 않습니다. 그는 이제 희망을 잃은 아버지, 낙담한 한 인간 '아담'입니다. 그런데 희망은 전혀 새로운 곳에서 일어납니다. 실망한 아담 옆에 그의 동반자, 생명

오스만 군대와 튀르키예 군대가 오랫동안 사격장으로 사용하던 반 호수 악다마르 섬의 비잔틴 교회 유적이다. 오랜 시간 사격장의 고난 속에서도 교회는 제 모습을 유지하고 있다. 사진은 교회 벽면에 남아 있는 다윗과 골리앗 이야기 부조이다. .

의 어머니 '하와'가 있었던 것입니다. 아담은 '생명의 근원' 하와를 다시 한번 '경험'합니다. 그는 하와의 '돕는 베필'ezer kenegdo로서 진가를 경험합니다. 하와는 셋째 아들을 낳았습니다. 우리는 여기서 한글 성경을 조심스럽게 읽어야 합니다. 창세기 본문은 "그(하와)가 아들을 낳아 그의 이름을 셋seth이라" 했다고 기록합니다. 셋을 낳는 일의 주체자가 하와가 되어 있는 것입니다. 그래서인지 하와는 셋을 낳고 나서 그 아들을 품에 안고서 이렇게 말했습니다. "이는 하나님이 내게 가인이 죽인 아벨 대신에 다른 씨를 주셨다 함이라."^{창 4:25} 결국 아담은 그의 돕는 베필 하와의 주도적 도움으로 새로운 희망의 세계를 보게 됩니다.

아담과 하와의 '생육하고 번성하는' 사명과 세상을 하나님의 뜻으로 바르게 '경작'하는 사명은 그 맥을 이어갈 수 있게 되었습니다. 하나님에게서 완전히 돌아선 가인과 가인에게 죽임당한 아벨의 절망스러운 현실은 새로운 가능성의 길을 찾았습니다. 이것은 창세기 기록의 묘한 부분입니다. 창세기의 기록 전개 방식은 지극한 '하나님의 변증법'a dialectic of God입니다. 하나님께서 세우신 온전한 창조질서는 아담과 하와의 불순종으로 정반대의 혼란스러운 현실로 전개됩니다. 그러나 하나님께서는 그 모든 것을 다시 바르게 하시고 아담에게 창조사명을 계속 이어가도록 하십니다. 겨우 회복된 질서가 가인에 의해 깨지게 되었을 때에도 우리 하나님께서는 아담과 하와에게 셋이라는 새 아들을 주심으로 온전함이 다시 설 수 있도록 인도하십니다. 새로운 희망은 언제나 절망하여 부정의 상황을 헤매는 나의 신실한 동행자에게서 다가옵니다. 희망의 변증법, 이것이야말로 창세기와 족장의 길을 읽어내려가는 영적인 해석 포인트입니다. 하나님께서는 가시밭에 백합화를 피우시는 신실하신 분이십니다.

유일하신 하나님께 드리는 기도
부정의 현실 가운데라도 하나님에게서 오는 선물 같은 회복의 가능성을 보게 하소서.

족장의 길 묵상 **22**　　　　　　　창세기 4장 26절~5장 11절

여호와의 이름을 부르다

　가인과 그 자손들이 번성합니다. 가인의 자손들은 하나님에게서 멀리 떨어져 자기만을 의지하자는 생각으로 그들만의 성을 쌓았습니다. 그들은 자기 성안에 사는 '자기들 무리'로만 하나를 이루었습니다. 가인 이래 그 자손들은 성 밖 사람들이 그들을 죽이리라 생각했습니다.창 4:14 가인의 자손들은 결국 성 밖 세상을 적대시하기 시작했습니다. 그리고 자기들이 공격 당하기 전에 먼저 공격해 세상을 차지하고 지배해야 한다고 생각했습니다. 이런 생각은 라멕의 노래에 적절하게 반영되어 있습니다. "나의 상처로 말미암아 내가 사람을 죽였고 나의 상함으로 말미암아 소년을 죽였도다 가인을 위해서는 벌이 칠 배일진대 라멕을 위하여는 벌이 칠십칠 배로다."창 4:23-24 라멕을 대표로 하는 가인의 자손들은 그들의 의심과 두려움을 성 안에 감추지 않았습니다. 그들은 처음에는 이기적인 폭력으로, 결국에는 쾌락과 탐욕 가득한 폭력으로 나아갔고 곳곳에 의심과 폭력의 성을 쌓았으며 그것으로 세상을 지배했습니다.

　라멕과 같은 가인의 자손이 세상을 그들의 죄와 악으로 뒤덮는 사이, 하나님께서는 아담에게 '셋'이라는 새로운 희망을 허락하셨습니다. 셋은 그렇게 아담과 하와와 더불어 에덴 동편에서 자랐습니다. 그리고 거기서 생육하고 번성하는 사명을 다해 아들 '에노스'를 낳았습

디야르바크르로부터 이어지는 순례길에서 만나는 제르제반Zerzevan에는 오래된 로마군 요새가 남아 있다. 요새 곳곳에는 교회 유적들도 많이 있는데, 흥미롭게도 요새 가장자리 지하에는 비밀스럽게 페르시아 미트라Mithra 신을 숭배하는 신전터도 남아 있다.

니다. '에노스'Enos라는 이름은 '남자 사람'iysh에서 온 말입니다. 그런데 이 이름에는 '사람의 약함'이나 '힘없는 운명', 혹은 '하나님과 떨어져 있어서 겪는 인간 고난' 등의 의미가 들어있습니다.시 103:15 결국 이 모든 것은 하나님의 징계와 심판에 더하여 완악한 라멕과 같은 가인의 계보가 지배하는 힘든 시대에 그 현실을 살아가는 에노스를 그립니다. 가인의 자손, 그 완악한 계보에 둘러쌓인 에노스의 삶은 쉽지 않았습니다. 에노스의 집안 어린 소년 누군가가 라멕의 노래 소재였을 수도 있습니다. 그런데 에노스는 그 모든 현실에서 인간사의 한

가지 중요한 진보를 이루었습니다. "여호와의 이름을 부르는" 예배를 시작한 것입니다.창 4:26

한눈에 보기에 '생육과 번성'이라는 사명은 가인과 그 계보가 독식해 버린 것으로 보입니다. 절망의 가시나무만 가득해 보입니다. 정직하려 하거나 바르게 살려고 하는 모든 시도는 왜곡되고 변질되어 버리고 맙니다. 불의와 악만이 번성하여 창궐하게 되는 현실이 답답하고 어렵습니다. 이럴 때 차라리 가인의 계보에 편승하는 것이 옳지 않을까 유혹이 다가오기도 합니다. 그때 우리는 에노스를 기억해야 합니다. 에노스는 모든 부정의 시대에 하나님을 노래한 사람입니다. 그는 세상이 불의의 쑥대밭이 되어갈 때 의로우신 하나님의 이름을 부르기 시작하여 예배한 사람입니다. 그는 당대에 여호와의 희망을 세상에 전한 사람입니다. 시편은 에노스와 같은 이의 모습을 이렇게 노래합니다. "그는 흉한 소문을 두려워하지 아니함이여 여호와를 의뢰하고 그의 마음을 굳게 정하였도다"시 112:7 여호와 하나님의 이름을 부르는 예배의 자리를 지켜나가는 것이야말로 창세기 4장 에노스의 이야기를 바르게 읽는 포인트입니다.

유일하신 하나님께 드리는 기도
불의가 정의를 속이고 대체하는 시대에 여호와의 이름을 부르는 예배자가 되게 하소서.

창세기 5장 11절~24절

족장의 길 묵상 23

하나님이 데려가시다

'라멕의 노래'는 고대 사회 최소한의 윤리 기준마저 무력화시키는 것이었습니다. 고 바빌로니아Old Babylonia의 함무라비왕king Hammurabi가 세운 법전에 의하면, 모든 범죄는 그가 저지른 범죄의 양에 맞추어 대등하게 보복되어야 했습니다. 함무라비는 이렇게 기록해 두었습니다. "사람이 높은 사람의 눈을 멀게 하면 제 눈을 멀게 할지니라." 그래서 사람들은 이것을 '동태복수법'同態復讐法, lex tallionis이라고 부르기도 합니다. 지금 듣기에는 잔인해 보이지만 고대사회로서는 나름 합리적인 법으로 여겨졌습니다. 그런데 라멕과 가인의 자손이 주도하는 세상은 이 최소한의 법마저 지켜지지 않았습니다. 그들은 자기들에게 상해를 입힌 사람에게 칠십칠 배나 되로 갚았습니다. 때로는 아주 작은 상처로도 목숨을 빼앗기도 했습니다. 라멕이 지배하는 세상은 상상외로 무도하고 잔인한 세상이었습니다. 셋의 자손들은 가인 자손들의 잔인하여 불의한 세상 앞에서 오히려 선을 드러내고 이루는 사람들이어야 했습니다.

사실 어려운 것은 달리 있었습니다. 무도한 사람들을 상대하며 살아가야 하는 것을 넘어서 하나님의 창조 사명을 지켜나가는 것입니다. 주지하는 대로 하나님께서는 인간을 처음 지으실 때 당신의 형상을 주시면서 "생육하고 번성하여 땅에 충만하고 세상 모든 피조물을

미트라 교는 기독교와 비슷한 시기에 로마 제국 내에 퍼져나갔다. 그러나 미트라교는 지나친 비밀스러움과 과도하게 잔인한 제의로 로마인들에게 외면을 받게 된다. 반면 기독교 신앙은 로마 사회 사람들에게 점차 인정을 받아 로마의 종교로 까지 발전하게 된다.

다스리라"고 사명을 주셨습니다.창 1:28 그리고 이 사명은 타락 이후에도 계속 이어져 아담이 새로이 계보를 이으면서 셋과 그 자손에게도 새롭게 부여됩니다. 아담은 백삼십 세에 "자기의 형상과 같은 아들을" 셋을 낳고 이후에도 여러 자녀를 낳으며 구백삼십 세까지 삽니다.창 5:3-5 이후 셋의 계보에 있는 사람들은 하나같이 장수하는 가운데 자녀들을 낳아 길렀습니다. 생육하고 번성하는 창조 사명에 최선을 다한 것입니다. 셋의 자손들은 불의한 가인과 그 계보가 세상에 가득한 가운데에도 생육하고 번성하는 사명을 잊지 않았습니다. 조상 아담을 따라 세상 가운데 하나님의 형상으로 하나님의 사명을 잇는 사람들을 채워나갔습니다.

그런데 여기 특별한 사람이 있었습니다. 에녹Enoch입니다. 에녹은 다른 셋의 자손들처럼 육십오 세에 그 유명한 아들 므두셀라Methuselah를 낳고서 이후에도 생육하고 번성하는 사명을 다했습니다. 그런데 그의 생육하고 번성하는 사명의 해는 다른 셋의 자손들과 달리 삼백 년 정도로 짧았습니다. 하나님께서 어느 날 데려가신 것입니다.창 5:24, God took him. 하나님께서는 늘 신실하게 살아가는 에녹이 죄와 악이 번성하는 세상 가운데서 힘들게 살아가는 것을 더는 보기 원하지 않으셨습니다. 그래서 그를 세상에 '없는 존재로'*ayin*, to be absent 만들어 버리셨습니다. 세상 사람들이 더는 그를 볼 수 없도록 조치하신 것입니다. 에녹은 이때 하나님께 '휴거'rapture 된 것으로 보입니다. 하나님을 믿는 백성이 세상살이 힘든 가운데 소망하는 그것, 하나님의 갑작스러운 데려가심 말입니다. 가인의 계보 가운데 살아가는 셋의 계보의 삶에는 이런 갑작스럽고 은혜로운 '증발'蒸發도 있습니다.

유일하신 하나님께 드리는 기도

오늘을 신실하게 살아갑니다. 그러나 자비를 베푸시려거든 에녹의 은혜를 누리게 하소서.

족장의 길 묵상 **24**　　　　　　　　　　창세기 6장 8절~10절

하나님의 구원을 경험하다

　셋의 계보는 한편으로 가인의 계보가 드러내는 잔인함과 무도함 사이에서 희망적인 대안으로 기능합니다. 가인의 범람하는 죄악 사이사이에서 셋의 자손들은 하나님을 부르고 하나님을 따르는 삶의 싹을 틔우고 결실하며 살았습니다. 그러나 안타깝게도 셋의 계보에서도 타락의 양상이 나타났습니다. 창세기 6장의 네피림들과 용사들이 바로 그들이었습니다. 셋의 계보와 가인의 계보 사이에는 끊임없이 혼종(混種)이 발생했습니다. 혼종은 결코 셋의 계보 쪽으로 기울지 않았습니다. 가인의 계보는 마치 굉장한 우성인자dominant gene처럼 셋의 선한 계보를 집어삼켰습니다. 이제 신실한 셋 계보의 노력에도 세상 악의 창궐은 막을 수 없는 강력한 무언가가 되어버렸습니다. 하나님께서는 이런 전개에 실망과 걱정을 드러내셨습니다. 그리고 한탄 가운데 인간과 인간 삶의 근간이 되는 모든 것을 오점 지우듯 당신이 지으신 땅으로부터 "쓸어버리기로"blot out, NASB 하셨습니다.창 6:7 하나님의 결정은 분명했습니다.

　하나님께서는 이 순간, 노아를 보셨습니다. 노아는 셋의 자손이었습니다. 그는 조상들처럼 하나님과 동행하는 가운데 신실하게 창조의 사명을 이어가고 있었습니다.창 6:10 그는 "의인이며 완전한 사람"이었습니다.창 6:9 그런데 그 의로운 사람이 지금 심판의 의지를 불태

골목골목이 정겨운 마르딘 한 구석에는 교회들이 조용히 그러나 담대하게 자리잡고 있다. 사진은 여러 이슬람 사원들 표시들 사이 보이지 않을 듯 보이는 교회 방향 표시이다.

우고 계신 하나님을 물끄러미 바라보고 있습니다. 그리고 하나님의 의중에서 '선한 의지' 혹은 '은혜를 끼치시려는 마음'을 발견합니다.^{창 6:8} 노아는 불꽃 같은 하나님의 눈에서 당신의 피조물을 모두 다 "쓸어버리지" 않으시리라는 마음을 보았습니다. 하나님께서는 모든 혈육이 있는 자들을 멸하리라 계획하고 계시지만, 당신의 은혜를 아는 이들에게는 구원의 길을 여실 것입니다. 그래서, 하나님께서는 노아를 선택하시고 그에게 방주를 만들도록 하셨습니다. 하나님께서는 이어서 방주에 노아의 가족들과 "혈육이 있는 모든 생물" 암수 한 쌍씩 태우도록 명령하셨습니다.^{창 6:18-20} 노아라는 인물은 하나님의 정의

믿음과 순종의 길

와 사랑이 교차하는 포인트입니다.

   하나님의 단호한 심판과 은혜로운 구원은 그 선이 분명해 보입니다. 흥미롭게도 창세기 5장 셋의 계보는 한결같이 첫아들을 낳은 나이와 이후 향수한 햇수 그리고 죽은 나이를 기록하고 있습니다. 그리고 신실하게도 노아가 방주를 짓고 홍수와 구원을 경험하는 해를 넘기지 못하고 죽는 것으로 계수됩니다. 므드셀라가 그렇습니다. 그는 백팔십칠 세에 라멕을 낳았고, 삼백육십구 세에 손자 노아를 보게 됩니다.창 5:25,28 그리고 노아가 홍수 때 방주를 진수하게 되는 구백육십구 세에 죽습니다. 최고 장수자인 므두셀라 역시 하나님의 홍수 심판을 피하지 못한 것입니다. 이렇게 하나님의 심판은 신실한 인물에게조차 에누리 없이 진행되었습니다. 그리고 놀라운 것은 그 틈에 벌어진 하나님의 은혜입니다. 하나님께서는 당신의 마음을 읽고 자비를 간구하는 노아를 구하시고 그와 더불어 새로운 세상을 여셨습니다. 하나님의 심판 의지가 최고조이던 순간, 노아는 하나님의 눈에서 선한 의지를 보았고 구원의 은혜를 경험했습니다. 구원은 분명 은혜를 구하고 보고 간구하는 사람의 것입니다.

유일하신 하나님께 드리는 기도

주여, 하나님 심판의 징계하시는 눈이 아닌 사랑으로 구원하시는 눈을 보게 하소서.

창세기 6장 14~22절

족장의 길 묵상 25

구원의 방주

바벨론의 홍수는 시끄러운 인간 제거를 목적으로 무심하게 전개됩니다. 바벨론 신들은 홍수 가운데 죽어갈 인간을 슬퍼했습니다. 그러나 그것은 자기들을 섬기며 봉사하는 존재의 소멸을 아쉬워한 부분이 강합니다. 전개 상황이 이렇다 보니 바벨론 신들은 홍수가 그치고 우트나피쉬팀을 비롯한 몇몇 인간이 생존한 것을 불쾌하게 여겼습니다. 신들 가운데 하나인 엔키Enki는 그때 이렇게 말했습니다. "인간들이 번성하는 것을 막아야 한다. 그들이 아기 낳는 것을 훨씬 더 어렵게 하자." 바벨론의 홍수는 인간을 향한 신들의 부정적인 감정들로 가득합니다. 신들은 인간이 불편해 그들을 제거하고, 그 가운데 생존한 인간을 기분 나빠하고, 그들의 번영을 막아섭니다. 이 과정에서 생존의 기회를 엿본 우트나피쉬팀은 자기가 살던 갈대집을 얽어 그와 가족 및 지인들, 몇몇 동물들의 생존을 위한 방주를 만듭니다. 신들의 부질없는 홍수'짓'에 인간은 하릴없이 죽어야 했고, 어렵사리 눈치 보며 생존해야 했습니다.

반면 이스라엘 백성의 홍수 이야기는 하나님의 고민 어린 전개가 엿보입니다. 하나님이 인간과 피조세계를 "쓸어버리기로" 하신 결단은 일방적이지 않습니다. 하나님께서는 은혜를 간구하는 노아 가족과 그가 데려오는 피조물들을 구원하십니다. 그리고 하나님의 노아

마르딘에 있는 명예롭게 순교한 40명의 로마 군인들을 기념하는 교회의 입구이다. 시리아 정교회이며 모르 베흔함 키르클라 교회Mor Behnam-Kirklar Church라고 불린다.

구원은 신실하여 구체적입니다. 하나님께서는 우선 '고페르'gopher, 종류를 알 수 없는 단단한 나무로 방주를 만들라고 하십니다. 그리고 방주 안에서 편안하게 거주할 '구획'quinim을 정리하라고 말씀하십니다. 무엇보다 하나님께서는 배의 안팎에 '역청'kopher, 아마도 아스팔트 기름을 칠해 침수되지 않게 하라고 말씀하십니다.창 6:14 하나님께서는 노아가 만들 배의 치수와 모양, 드나드는 문과 창문도 정해주십니다.창 6:15-16 하나님의 홍수 및 파괴의 결단과 구원의 의지 사이 고민스러운 전개는 이 대목에서 분명히 드러납니다. "그 생명을 보존하게 하라"창 6:20 하나님께서는 멸망할 세상 틈에서 구원의 방주로 생명이 살길을 여십니다.

하나님의 구원을 이루는 방주the Ark는 홍수 사건을 원시적인 주변 이야기로 치부해버리는 역사적 경향에 대한 신학적 중심화의 대응입니다. 신들의 우연한 감정적 격돌로 벌어진 홍수와 근근이 버틴 인간의 생존 이야기는 화려한 인류 진보 맥락에서 변두리 이야기이어야 합니다. 홍수로 고단했을지언정 인류의 진보의 거대한 흐름은 여전했으리라는 식입니다. 그러나 성경 창세기의 홍수 이야기는 다릅니다. 홍수가 죄로 인한 하나님 의義의 필연必然의 사건이라면, 방주는 그 사이에서 하나님께서 긍휼로 여신 구원의 역전逆轉 사건입니다. 하나님께서는 스스로 결정하신 파국의 전개에 그 흐름을 역행하는 구원의 배를 띄우셨습니다. 하나님의 구원의 배는 파멸의 격랑을 견딜만한 것이며, 은혜를 사모하는 이들이 안전하게 거주할만한 규모입니다. 하나님 구원의 방주는 그래서 성막과 성전, 혹은 교회에 비유되기도 합니다. 모세의 성막이나 솔로몬의 성전이 그렇듯, 교회 역시 하나님의 신실한 구원의 방주로서 멸망을 향해 치닫는 세상 파도를 헤치고 우리를 구원의 자리로 인도합니다.

유일하신 하나님께 드리는 기도
멸망으로 치닫는 세상이 아닌 하나님 준비하시는 구원의 방주로 나아가게 하소서.

족장의 길 묵상 **26**   창세기 8장 15~22절

하나님의 약속과 새로운 사명

　하나님께서는 방주와 관련된 구원의 모든 일을 주도하셨습니다. 하나님께서는 노아와 가족들, 그리고 그가 데려오는 모든 한 쌍의 피조물들이 홍수 심판 내내 안전하고 편안하게 기거할 수 있는 공간을 마련하셨습니다. 하나님께서는 세상 멸망의 격랑이 방주 안에 침범하지 못하도록 '방주의 문'을 친히 닫으셨습니다.^{창 7:16} 그뿐 아닙니다. 홍수가 그친 후에는 미리 말씀해 두신 창을 통해 새들을 보내게 하셔서 물이 말랐는지 확인하는 것까지도 미리 계획하셨습니다.^{창 8:6-12} 마지막으로 하나님께서는 적당한 때 노아 가족과 피조물들이 방주에서 나가도록 때와 장소를 허락하셨습니다. 하나님께서는 결국 거친 바다 항해를 목적으로 하는 유능한 배를 만들지 않으셨습니다. 대신 당신이 벌이시는 홍수 심판의 모든 불안하고 두려운 시간을 버틸만한 피난처로서 안전한 배를 만드셨습니다. 이 모든 섭리와 인도 가운데 노아와 가족, 피조물들은 홍수 심판 후 새롭게 된 세상에 온전하게 자리 잡게 되었습니다.

　하나님의 구원과 인도로 아라랏^{Ararat}에 자리 잡게 된 노아와 가족들은 이제 인류의 새로운 조상이 되었습니다. 하나님께서는 이전과는 다른 전혀 새로운 방식의 살길을 여셨습니다. 먼저 하나님께서는 노아와 가족이 드리는 희생제사를 받으시고 다시는 세상을 물로 심

마르딘 외곽에 있는 데이룰자파란 수도원의 전경이다. 이슬람 문화가 강력한 도시 한 켠에서 기독교 신앙을 지켜온 대표적인 기독교 수도원이다. 도시 외곽에 선 모습이 단단해 보인다.

판하지 않을 것을 약속하셨습니다. 그리고 오래전 첫 인류 아담에게 주셨던 복과 사명을 다시 내리셨습니다. "너희는 생육하고 번성하며 땅에 가득하여 그 중에서 번성하라."창 9:7 그리고 나서, 하나님께서는 노아에게 그의 시대에 어울리는 새로운 '경작'의 과제와 사명을 허락하셨습니다. 에덴동산의 아담처럼 지경으로 주어진 땅을 복되게 하는 가운데 잘 가꾸는 일들을 맡기신 것입니다. 이때 하나님께서는 당신이 아담에게 부여했던 땅의 거절 징계를 조금 완화해주셨습니다. 노아는 이제 계절에 따른 경작 즉, '심음과 거둠'의 시간을 갖게 되었

믿음과 순종의 길

습니다.⌜창 8:22⌟ 노아는 그렇게 그의 후손들이 땅을 통해 먹고 살 수 있는 농경의 기원을 이루었습니다.

농경문화의 기원으로서 노아의 역할은 각별합니다. 그의 역할은 하나님께서 다시는 물로 심판하지 않으시겠다는 약속과 관련이 있습니다. 아담 이후 모든 인간은 땅의 거절 때문에 모든 먹거리를 채집해야 하는 어려운 현실을 살았습니다. 그런데 홍수 후 새롭게 된 땅에서 노아는 하나님의 은혜 가운데 어려운 채집이 아닌 '농사'로 생계를 이을 수 있게 되었습니다. 그래서 노아는 스스로 포도 농사꾼이 되었습니다. 그렇게 그는 인류에게 농경을 통한 생존 방식을 가르치는 인도자가 되었습니다. 노아의 아버지 라멕은 이것을 미리 알았던 것 같이 말했습니다. "여호와께서 땅을 저주하시므로 수고롭게 일하는 우리를 이 아들이 안위하리라."⌜창 5:29⌟ 노아의 개척으로 온 인류는 원시적인 삶 그리고 악하게 살던 삶에서 성실한 문화文化를 이루며 선하게 살길을 얻게 되었습니다. 노아의 경작 사명은 모든 인류를 삶의 선한 방식을 꾸리도록 하는 일에 맞추어졌습니다. 오늘도 하나님의 백성들은 노아처럼 세상과 사람들을 선한 양식의 삶으로 인도합니다.

유일하신 하나님께 드리는 기도
하나님 우리가 세상을 선한 삶의 방식으로 가르치고 인도하는 사명에 충실하게 하소서.

창세기 10장 24절

족장의 길 묵상 27

세상으로 사명으로

유대인들의 전통에 의하면 니므롯은 동방 시날 땅의 건설자이며 통치자였습니다. 인간에게 가인의 도시 문명은 홍수 이후 한동안 사라졌었는데, 세상은 함의 자손을 통해 다시 한번 도시 문명을 접하게 되었습니다. 이미 가인과 라멕에게서 드러났듯 도시는 하나님에게서 멀어지는 인간이 중심이 되는 질서의 상징입니다. 인간이 도시에 가까워지고 도시적 이기들에 가까이하게 되는 것은 결국 하나님에게서 멀어지고 하나님 없는 삶을 살게 되는 것을 의미했습니다. 그런데 이 도시적 삶의 양식이 니므롯에게서 다시 등장했습니다. 그는 도시를 건설해 나아가면서 가인과 라멕의 마음을 이어갔습니다. 그는 가인이나 라멕보다 훨씬 교묘했습니다. 그는 가인과 라멕에 의해 구축된 도시적 이기들이 사람들에게 안정적이고 매혹적인 것이 되도록 했습니다. 그래서 사람들이 도시의 이기들을 가까이하게 되면 당장 그들을 도시의 권세에 예속되도록 만들었습니다. 니므롯은 그렇게 도시로 더불어 자기중심 왕국을 세워갔습니다.

그때 노아의 아들 셈의 자손은 아라랏으로부터 점차 남동쪽으로 나아갔습니다. 그들은 곧 시날 땅에 도착했고 함의 자손과 만나게 되었습니다. 그들 가운데에는 셈의 손자인 에벨Eber도 있었습니다.창 10:21, 11:14~16 '에벨'은 성경 '히브리'Hebrew, *Ibri*민족의 어원이 되는 이름입니다.

고대로부터 족장의 길을 흐르던 유프라테스 강Euphrates River이다. 사진은 그 강 한편에 자리한 고대 로마의 요새이다. 도도하게 흐르는 유프라테스 강의 한켠을 굳건하게 지키는 요새의 모습이 그 땅을 지켜 온 신앙인들의 모습을 떠오르게 한다.

그 이름이 히브리의 의미, '건너편으로 건너다'라는 뜻의 근원이기 때문입니다. 그의 후손 히브리인들은 그가 그랬던 것처럼 여러차례 강이나 지경을 건넌 사람들이었습니다. 어쨌든, 에벨은 그 이름처럼 유프라테스와 티그리스 강을 건너 시날로 들어갔습니다. 그리고 거기 니므롯의 도시들이 번성하는 곳 인근에서 거류했습니다. 처음에는 아마도 노아와 셈을 따라 농사를 지었을지도 모릅니다. 그러나 그는 에벨은 점점 도시로 가까이 갔습니다. 마치 아브라함이 애굽으로 나아가듯, 롯이 소돔과 고모라로 점점 가까이 나아가듯, 에벨과 그 일족은 니므롯의 도시로 이끌려 들어갔습니다.

셈의 계보 에벨이 니므롯의 도시로 들어가는 것이 잘못된 것은 아닙니다. 그 의도가 하나님이 창조하시고 구원하신 세상을 바르게, 선하게 '경작'하는 방식의 하나라면, 그런 일은 얼마든지 있을 수 있습니다. 요셉에게서 볼 수 있듯, 다윗과 솔로몬에게서 볼 수 있듯, 그리고 다니엘에게서 볼 수 있듯, 도시적 삶으로 나아가는 일과 그곳을 하나님의 지혜 가운데 바르게 계도하고 이끄는 일이야말로 하나님의 창조 사명을 이어가는 중요한 대목입니다. 아브라함의 조카 롯이 소돔성 입구에 앉아 있었다는 것이 그렇습니다. 그는 소돔성을 바르게 이끌 마음과 준비가 되어 있었던 사람이었습니다.창 19:1 하나님의 백성은 단지 그 도시의 이기들을 즐기기 위함이 아닌 바른 계도의 목적으로 도시에 거류할 수 있습니다. 에벨은 아마도 그 마음으로 니므롯의 도시들 가운데 하나에서 거주했던 것 같습니다. 하지만 그를 통해 그 도시가 복을 누리게 될지, 아니면 그 도시가 에벨을 오히려 집어 삼키게 될지는 지켜보아야 합니다. 어쨌든 우리 믿음의 조상 아브라함은 니므롯의 도시로 건너 들어간 아벨의 일곱 번째 자손입니다.

유일하신 하나님께 드리는 기도

우리의 이동과 이주가 하나님을 전하고 세상을 바르게 하는 목적이 되게 하소서.

족장의 길 묵상 **28**　　　　　　　　　창세기 10장 25~30절

세상 가운데 살아가기

에벨이 시날 땅 도시들 가운데 하나에서 거주할 때, 그곳 통치자 니므롯은 엄청난 일을 꾸미고 있었습니다. 그는 자기가 세운 도시로 사람들을 끌어들인 후 그들을 자기의 통치 아래 있게 했습니다. 그는 사람들에게 일을 시켰습니다. 사람들은 니므롯의 명령에 따라 운하를 파고 벽돌을 굽고 성벽을 건설했으며 신전과 집과 건물을 건축했습니다.창 11:3 건축 기술이 어느 정도 축적된 것을 확인한 니므롯은 이번에는 하늘 높이 솟는 높은 탑을 건설하게 했습니다. 그는 이렇게 말했습니다. "탑을 건설하여 그 탑 꼭대기를 하늘에 닿게 하여 우리 이름을 내고 온 지면에 흩어짐을 면하자."창 11:4 인간 교만의 상징, 바벨탑의 건설입니다. 하나님께서는 결국 니므롯과 도시 인간들의 교만을 보시고 그들의 언어를 혼잡하게 하신 후 그들을 사방으로 흩어 버리셨습니다. 에벨은 이 혼란스러운 시절에 아들 벨렉Peleg을 낳고 사람들이 흩어져 나가는 시날 땅에서 살았습니다. 그는 어느 순간 공사가 중단된 바벨탑을 보았을 것입니다.

창세기 10장에 나오는 에벨의 가계는 여기서 흥미롭게 전개됩니다. 에벨에게는 두 아들이 있었습니다. 하나는 벨렉이고 다른 하나는 욕단Jokdan이었습니다. 욕단은 이후 아버지를 떠나 시날땅 남쪽 페르시아만 서편을 타고 아라비아반도 해안을 이어 나아갑니다. 성경 창

마르딘의 데이룰자파란 수도원은 오랫동안 태양신을 숭배하던 지역민들에게 그런 자연신이 아닌 하나님을 믿는 기독교 신앙을 전하던 요람이었다. 지금도 강력한 세속의 신이 지배하는 세상 한 가운데서 수도원에서는 하나님을 믿는 진리의 신앙이 더 강력한 빛을 발하고 있다.

세기 10장 26절부터 30절에 이르는 그의 후손들은 모두 아라비아 반도 동남부 해안을 따라 이어지는 여러 아랍 부족들의 오래된 이름들입니다. 욕단과 그 자손의 행보는 결국 바벨탑 사건 이후 셈의 계보, 에벨의 집안에서도 흩어짐이 있었음을 알려 줍니다. 하나님께서 시날 땅 바벨탑 건설 주체자들의 언어를 흩으실 때 욕단과 그 일가 역시 언어의 혼란을 경험하게 되고 결국 아버지 에벨을 떠나 아라비아 반도로 이주한 것입니다. 그러나 벨렉은 아버지 에벨을 떠나지 않은

믿음과 순종의 길

것으로 보입니다. 벨렉은 이후 줄곧 시날 땅에서 살았습니다. 그리고 거기서 자손을 낳았습니다. 그렇게 그의 계보는 데라와 아브라함으로 이어집니다.창 11:16-26

가인과 함의 계보가 도시로 번영하는 사이, 그 도시적 삶으로 들어간 셋과 셈의 계보의 삶은 녹록치 않았습니다. 그들은 니므롯의 도시 인근에서 그리고 도시에서 끊임없이 유혹받고 위협받았습니다. 거기서 에벨은 노아와 셈의 자손으로서 '경작하는 삶'과 '도시의 이기를 누리는 삶' 사이 대립과 갈등을 경험했을 것입니다. 에벨의 아들 욕단은 아마도 바벨탑 건설의 일원으로 참여했던 것으로 추측됩니다. 그는 그렇게 니므롯의 도시에 동화되어 살다가 바벨탑 건설자들이 혼란에 빠졌을 때, 도시와 아버지를 떠나 남쪽으로 이주했을 것입니다. 셈 이후 아브라함으로 이어지는 창세기 계보는 신비합니다. 아르박삿과 욕단 그리고 그의 후손들을 제외한 셈으로부터 아브라함으로 이어지는 계보의 주류들은 어떤 도시나 족속, 지역의 이름이 아닌 사람의 이름 고유명사입니다. 그것은 셈과 아브라함 사이 계보의 인물들이 하나님을 향한 신실한 신앙을 지키며 당대 함의 자손이 지배하는 세상을 실존했음을 보여주는 것입니다. 그러는 사이 셋의 계보를 잇는 에벨도, 벨렉도, 그리고 욕단도 온전한 삶의 길을 잃습니다.

유일하신 하나님께 드리는 기도
세상의 권세가 지배하는 곳 어디서든 하나님의 백성으로서 길을 잃지 않게 하소서.

창세기 11장 26~29절

족장의 길 묵상 **29**

거류하는 땅 우르

벨렉 이후 시날 땅에 살던 셈의 자손들은 당대 최고의 도시 가운데 하나인 우르Ur, 갈대아인의 우르로 가서 살았습니다. 하나님께서 바벨탑 건축자들을 흩어버리셨지만 그들의 가인을 닮은 마음과 니므롯의 욕망이 사라진 것은 아니었습니다. 니므롯의 도시들은 흩어져 나간 건축자들에 의해 세상 곳곳에서 재현되었습니다. 특히 우르는 주전 21세기경 크게 번성했습니다. 우르 '남무'와 '술기'로 이어지는 역사 속 왕들이 통치하는 내내 도시는 큰 번영을 누렸습니다. 지금은 우르 유적지가 내륙에 있지만 당시 우르는 페르시아만에 인접한 항구도시였습니다. 덕분에 많은 물산이 바다로부터 그리고 강과 무역로로부터 유입되어 도시로 들어왔습니다. 무엇보다 도시에서 유명했던 것은 거대한 지구라트였는데, 달의 신 '난나'Nanna를 섬기는 신전이었습니다. 우르라는 이름이 '달신 난나의 거주지'라는 뜻이었습니다. 우르는 달의 신 난나가 지배하는 곳이었습니다. 바벨탑은 이제 여기 우르에서 새로운 모습으로 들어섰습니다.

에벨과 벨렉의 후손 데라Terah는 이 우르에 가서 살았습니다.창 11:26 데라는 우상을 숭배하는 사람이었습니다.수 24:2 유대인들의 창세기 미드라시Midrash는 데라의 이야기를 이렇게 전합니다. "데라는 우상을 숭배하는 사람이었을 뿐아니라 우상을 만들어 팔기도 하는 사람이었

족장의 길은 유프라테스와 티그리스 두 강이 흘러 내려가는 곳 사이사이를 순례한다. 사진은 디야르바크르 인근 티그리스 강의 모습이다. 우리 신앙도 이 강처럼 굳건하게 세상 한가운데를 은혜로 흘러내리고 있다.

다. 데라는 아들 아브라함에게 우상 파는 일을 도와야 한다고 강요하기도 했다."Midrash, 38. 그런 데라에게는 아들들이 있었습니다. 아브람Abram과 나홀Nahol과 하란Haran이었습니다.창 11:26 세 아들 가운데 아브람은 데라의 우상숭배를 반대했습니다. 그러다 도시의 지배자 니므롯에게 핍박을 받았습니다. 니므롯은 아브람을 데려다 풀무불 앞에 세우고 배교를 강요했습니다. 그러나 아브람은 받아들이지 않았습니다. 그러는 사이 동생 하란이 아브람을 대신해 풀무불에 던져져 죽고 말았습니다. 데라는 그 소식을 듣고 크게 낙심했습니다. 그는 우르를 고향으로 여기고 살았습니다. 그런데 고향처럼 여기던 우르가 아들을 죽이고 말았습니다.창 11:28 결국 데라는 우르를 떠나 가나안으로 가기로 결단합니다.

셈의 계보는 함의 자손 니므롯이 세운 도시 거주민들 가운데 주류가 되었습니다. 그들은 한때 그 도시 언저리에서 살던 사람들이었으나, 곧 도시의 거류민resident aliens이 되었고, 결국에 도시의 정주민citizens이 되었습니다. 데라와 일족은 아마도 니므롯의 도시가 그들의 영원한 거주지가 되리라 확신했던 모양입니다. 그러나 도시의 실체는 데라의 기대를 만족시키지 못했습니다. 그가 최선을 다해 충성한 도시는 결국에 그의 아들을 죽이고 말았습니다. 데라는 그 현실을 고민한 것 같습니다. 그는 결국 아들을 죽인 도시, 자신과 가족을 끝내 받아들이지 않는 도시, 우르를 떠났습니다. 그는 이제 가나안으로 가기로 했습니다. 하나님의 백성은 가인과 함의 계보가 지배하는 세상 어디서도 안전할 수 없습니다. 하나님의 백성은 끝내 이방인입니다. 이것은 오랜 시간 후 바벨론에 포로가 된 이스라엘 백성에게도 마찬가지였습니다. 그들은 때가 되면 바벨론을 떠나 예전에 가나안이라 불리던 시온으로 돌아가기로 되어 있습니다.렘 25:11-12 하나님의 백성에게 우르를 비롯한 가인의 도시는 영원한 거주지가 아닙니다.

유일하신 하나님께 드리는 기도
주여, 세상이 영원한 거주지가 아님을 알게 하시고 하나님 나라를 소망하며 살게 하소서.

족장의 길 묵상 **30**

창세기 11장 29~32절

생명 결핍을 경험하다

　가인과 함의 계보에서 형성한 도시 문화는 생명을 위한 생산 기능이 상실된 것이었습니다. 바벨을 비롯한 시날 땅 도시들에는 '심음과 거둠'의 경작이 없었습니다.창 8:22 '심음과 거둠'은 하나님께서 홍수 이후 노아의 모든 후손에게 제공하신 생명을 이어가는 방식이었습니다. "땅이 있을 동안" 인간은 모두 생명을 이어가기 위한 심음과 거둠의 수고에 공을 들여야 합니다. 노아는 이 새로운 사명에 충실해 스스로 포도원 농부가 되었습니다. 밭의 소산물은 노아와 가족들 그리고 더불어 사는 모든 존재들의 생명을 이어가는 중요한 수단이었습니다. 그런데 시날 땅 도시들에는 안타깝게도 심음과 거둠의 삶의 방식이 정착할 수 없었습니다. 도시는 온갖 인공물들과 가공물들로 가득했습니다. 그것은 무기물 도시 자체에는 활기를 부여할 수 있을지 모르지만, 그 도시에 깃들어 사는 생물들의 생기에는 도움이 되지 못했습니다. 도시의 삶은 거기 모든 생명체에게 불모의 결핍과 죽음을 의미했습니다.

　시날 땅 도시에서의 삶은 셈의 계보 사람들에게도 척박했습니다. 그들은 시날의 도시들에서 "생육하고 번성할 수" 없었습니다. 셈의 계보 사람들은 시날 땅 도시들에 발을 들인 후 생명력을 잃어갔습니다. 데라는 아버지 나홀과 다른 조상들에 비교해 훨씬 늦은 나이에

산르우르파Sanri-Urfa는 에데사Edessa라고 불리는 왕국의 수도였다. 에데사는 역사 최초의 기독교 국가였다. 주후 2세기의 일이었다. 로마와 파르티아 사이 격전의 틈바구니에서 기독교 신앙이 자라고 뿌리 내린 것이다. 의미 있는 교회사 사건이다.

자식을 얻습니다. 그의 아버지 나홀은 이십구 세에 아버지가 되었습니다.창 11:24 할아버지 스룩Serug은 삼십 세에 나홀을 얻었습니다. 증조할아버지 루우Reu나 고조할아버지 벨렉도 모두 삼십이 세 혹은 삼십세 경에 자식을 얻었습니다.창 11:17-23 그러나 데라는 그렇지 못했습니다. 그는 오랫동안 자식을 보지 못하다가 칠십 세에 이르러 아브람과 형제들을 얻었습니다. 데라의 생산성 결핍은 우르에 완전히 정착한 것이 원인일 것입니다. 우르라는 도시의 이기에 젖고 우상숭배에 젖

믿음과 순종의 길

어 사는 데라의 생산능력은 현저하게 낮아졌습니다. 그는 하나님만이 만들어주실 수 있는 생명 생산의 창조 질서로부터 멀어진 것입니다.

생명 결핍의 안타까운 현실은 데라의 아들 아브람에게서 더욱 분명해졌습니다. 아브람와 그 아내 사래에게는 자식이 없었습니다. 성경 창세기는 이렇게 기록합니다. "사래는 임신하지 못하므로 자식이 없었더라."^{창 11:30} 아브람과 사래는 우르에서 생명을 낳고 생명을 기르고 생명이 활성화되는 일을 경험할 수 없었습니다. 이것은 심각한 상황입니다. 아담 이래로 이어져 내려오던 하나님 백성의 계보toledot, generations가 끊어져 버린 것입니다. 창세기 이야기에 의하면 이런 핍절의 상황은 없었습니다. 가인이 범죄했을 때에도 아담의 족보는 생육하고 번성했습니다. 죄가 관영하여 하나님의 진노가 컸던 노아의 때도, 그리고 홍수 이후에도 생육하고 번성하는 일은 멈추지 않았습니다. 그런데 생육과 번성의 창조 축복과 거리가 먼 결핍의 상황이 아브라함에게 나타난 것입니다. 번영하는 도시 우르에서 셈의 계보는 생명 결핍을 경험합니다. 한 가지가 분명해졌습니다. 생명과 거리가 먼 척박한 우르로부터 탈출하는 것입니다. 결국 아브람의 아버지 데라는 생명 없는 우르에서 벗어나기로 합니다.^{창 11:31}

유일하신 하나님께 드리는 기도
하나님, 결핍과 죽음만 가득한 곳이 아닌 생명이 일어나고 살아나는 곳에 살게 하소서.

Forty day Meditations for Spiritual Pilgrims

기도하며 걷는 길

Forty day Meditations for Spiritual Pilgrims
기도하며 걷는 길

31 본토 친척 아비집을 떠나라 창세기 12장 1~4절
32 다시 거대한 도시로 창세기 12장 10절~13장 2절
33 세상 속 겸손한 여행자 창세기 14장 17~24절
34 거기서 제단을 쌓다 창세기 13장 18절
35 믿음으로 웃다 창세기 21장 1~8절
36 하갈과 이스마엘을 어찌할까 창세기 21장 9~21절
37 조심스럽게 자기 것을 얻다 창세기 21장 22~34절
38 침묵의 순종으로 아들을 바치다 창세기 22장 1~22절
39 돕는 베필 사라가 죽다 창세기 23장 1~20절
40 이삭과 리브가: 새로운 희망 창세기 24장 61~67절

창세기 12장 1~4절

족장의 길 묵상 31

본토 친척 아비집을 떠나라

성경은 세상으로 들어갔다가 세상으로부터 나온 사람들의 이야기입니다. 하나님의 백성이 세상 나라들로 '건너 들어갔다가' 거기서 하나님의 부르심을 받고 다시 '건너 나오는' 일들에 관한 이야기는 성경을 읽는 중요한 기준입니다. 요셉을 통해 애굽으로 들어갔던 '이스라엘의 자손'은 그 땅에서 430년 동안 살다가 거기서 나와 하나님께서 약속하신 땅으로 돌아갔습니다. 다니엘을 시작으로 바벨론에 포로되었던 이스라엘 백성은 거기서 70년 세월을 다 채운 후 다시 시온으로 돌아갔습니다. 신약성경 역시 마찬가지입니다. 어두운 세상에서 신음하던 하나님의 백성은 예수님 세상으로 오심과 사역으로 새로운 구원의 길을 알게 됩니다. 그리고 예수님 십자가 부르심과 인도로 세상으로부터 벗어나 하나님 나라를 향해 건너가는 소망을 품고 살아갑니다. 이런 맥락에서 아브라함의 부르심은 신약성경을 포함하는 성경 전체 하나님 백성의 모든 '탈출과 구원'the Exodus and the Redemption 이야기들의 원형입니다.

에벨로부터 시작된 셈 계보의 시날 땅의 삶은 쉽지 않았습니다. 거기서 데라는 우상숭배자가 되었고, 하란은 통치자들과의 갈등 가운데 죽고 말았으며, 아브람과 사래에게는 생육과 번성을 위한 생명 생산이 결핍되었습니다. 데라 일가는 그 모든 현실에 주목했습니다. 그

산르우르파 일대는 선사시대 유적으로 가득하다. 사진은 인류 최초의 종교 시설 흔적으로 알려진 괴베클리테페 유적이다.

들은 곧 우르로부터 벗어나기로 합니다. 그들은 우르를 등지고 유프라테스 강과 티그리스 강을 따라 상류 지역으로 올라갔습니다. 그리고 거기서 오래된 도시 하란Haran에 도착했습니다.창 11:31 하란은 살기 좋은 곳이었습니다. 주변은 유프라테스 강의 풍부한 수량으로 넉넉한 드넓은 메소포타미아 평원이 펼쳐져 있었습니다. 그곳에서는 옛 노아의 농경이나 목축이 부흥할 수 있을 것 같았습니다. 하란은 시날 땅 갈대아 우르처럼 밀집하여 틈도 없이 얽혀 있는 니므롯의 도시가 아니었습니다. 그들은 하란에 자리 잡았습니다. 그러나 그 정착은 정주定住하는 것이 아니었습니다. 그들은 일단 하란에서 거류居留하기로 합니다.

하란은 데라 가족의 최종 목적지가 아니었습니다. 이때 아브람은 원래 목적지 가나안으로 계속 가야 한다고 생각합니다. 그런데 데라는 길을 나서지 않습니다. 하란 거류가 길어지는 난감한 상황입니다. 이때 아브람은 여행이 계속되어야 한다고 생각한 모양입니다. 그때 하나님께서 아브람에게 이렇게 말씀하십니다. "너는 너의 고향과 친척과 아버지의 집을 떠나라" 그리고 이렇게 말씀을 이어가십니다. "그리고 내가 네게 보여 줄 땅으로 가라."창 12:1 아브람은 하나님 말씀 아래 결단합니다. 그는 에벨 이래 고향처럼 여긴 시날과 우르를 떠났습니다. 그의 조상 셈의 계보의 근거지 하란 일대도 벗어나야겠다고 생각합니다. 무엇보다 이제 아버지의 곁도 떠날 때가 되었다고 생각합니다. 아브람은 고향과 집안과 부모를 떠나 스스로 나아가는 길, 하나님 부르심 받은 땅으로 갈 것을 결단합니다. 하나님께서는 그의 결단이야말로 생육과 번성의 길, 창조 사명을 잇는 길이 될 것을 선언하셨습니다. 무엇보다 그 길이 세상 심판이 아닌 세상 구원을 위한 위대한 여정의 시작이 될 것이라고 말씀하셨습니다.창 12:3-4

유일하신 하나님께 드리는 기도
하나님, 부르심 받은 나의 길, 하나님 뜻하신 자리까지 끝까지 나아가게 하소서.

족장의 길 묵상 32 창세기 12장 10절~13장 2절

다시 거대한 도시로

아브람은 우르와 하란을 떠나 남서쪽으로 내려갔습니다. 그는 넓은 평야 지대인 밧단아람Paddan-Aram 일대 알레포Aleppo나 에블라Ebla, 그리고 다메섹Damascus 등 큰 도시들을 몇몇 지났습니다. 그 도시들은 아브람 시대에도 유서 깊고 유명한 곳들이었습니다. 도시는 오아시스로 물이 풍성했고, 고대 문화가 빛을 발하고 있었고, 무역으로 풍성했습니다. 그러나 아브람은 여행을 계속했습니다. 추측이지만 아브람은 다메섹 이후 갈릴리 호수를 중심으로 오른쪽의 오래된 '왕의 대로'King's Highway를 지나 얍복강Jabbok River과 요단강Jordan River이 만나는 숙곳Succoth 나루터를 건너 가나안으로 들어섰을 것입니다. 그는 곧 사마리아 산지의 세겜으로 들어갔습니다. 그런데 그곳은 그가 살만하지 않았습니다.창 12:6-7 그는 자리를 옮겨 후에 벧엘Bethel이라고 불리는 곳, 동쪽 산에 자리를 잡습니다.창 12:8 그런데 그곳도 마땅치가 않았습니다. 그는 세겜 이후 계속해서 남방Negeb으로 이동했습니다.

문제는 그가 자리잡으려 했던 가나안에 가뭄이 심했던 것입니다. 사실 하나님께서는 아브람이 요단강을 건너 세겜에 들어갔을 때 "내가 너에게 이 땅을 주겠다"고 말씀하셨습니다.창 12:7 그러나 아브람이 보기에 그곳은 드센 가나안 사람들이 살고 있었고 살만하지 않았습니다. 그는 가뭄 등 여러 이유를 들어 남쪽으로 방향을 잡아 내려갔

족장들이 살아가던 시대 곳곳에는 가인과 함의 후예들이 세운 도시와 신전들이 가득했다. 그 거대한 교만의 흐름 사이사이에서 족장들은 신실한 신앙을 지키기 위해 분투했다. 사진은 우르Ur의 거대한 지쿠라트Zigurat 신전 유적이다. 바벨탑을 떠오르게 한다.

습니다. 그는 그렇게 애굽까지 갔습니다.창 12:10 당시 애굽은 상대적으로 안정적이고 살만한 나라였습니다. 함의 자손들은 이미 그곳 미스라임Mizraim에 크고 부강한 나라를 세워 두었고,창 10:6,13 니므롯의 것 못지 않은 도시들을 건설했으며, 바벨탑 못지않은 거대한 건축물들로 도시를 채웠습니다. 아브람은 메소포타미아 '시날 땅'과 애굽 땅 '미스라임' 사이 가나안에서 살길을 찾지 못했고 결국에 자기에게 익숙한 도시 애굽으로 갔습니다.

아브람의 애굽 행은 의미가 있습니다. 그는 도시 문명에 익숙한 사람이었습니다. 그는 도시가 주는 편리함과 안락함을 잘 알았습니다. 그런데 그는 도시에 관한 또 다른 진실도 알았습니다. 그 도시가 욕망이 가득하고, 폭력적이며, 쾌락적이라는 것입니다. 그래서 아브람은 내려가는 길에 아내인 사래를 보면서 그녀가 혹시 자신의 애굽 삶의 안전보장이 될 수도 있겠다 생각했습니다. 그는 아내에게 이렇게 말합니다. "그대는 아리따우니…내가 그대로 말미암아 안전하고 내 목숨이 그대로 말미암아 보존되리라."창 12:12-13 과연 애굽 왕 바로는 사래의 아름다움을 보고 그녀를 자신의 소유로 삼으려 합니다. 아브람은 그렇게 아내를 바로에게 넘기고 '부'富를 얻습니다.창 12:14-16 아브람이 순종 가운데 결단한 여행의 의미가 퇴색하는 순간입니다. 그는 옛날 그의 조상들이 그랬던 것처럼, 가인의 도시로 가까이 갔고 도시로 들어섰으며, 결국에 도시에 뒤섞였습니다. 그는 그렇게 가볍게 가인의 계보에 섰습니다. 그는 애굽 도시에서 아내를 잃고 다시 생육과 번성, 세상 경작의 사명을 망각했습니다.

유일하신 하나님께 드리는 기도

하나님, 부르심 받아 나아가는 사명의 여정에서 길을 잃지 않게, 되돌아가지 않게 하소서.

창세기 14장 17~24절

족장의 길 묵상 33

세상 속 겸손한 여행자

애굽에서 올라온 아브람은 헤브론Hebron에 자리를 잡습니다. 그런데 당시 국제정세는 심각하게 돌아가고 있었습니다. '시날' 땅을 다스리는 여러 왕들은 가나안 일대에 대한 주도권을 가지고 있었는데, 근래에 가나안의 왕들이 시날의 지배자들에게 반기를 들었습니다. 소돔Sodom의 베라Bera와 고모라Gomorrah의 비르사Birsha가 아드마Admah 및 스보임Zeboiim과 소알Zoar 등과 연합하여 반항한 것입니다.창 14:2-4 엘람Elam의 그돌라오멜Chedorlaomer을 맹주로 하는 '시날'의 왕들은 좌시하지 않았습니다. 그들은 곧 가나안에 쳐들어왔습니다. 시날의 연합군은 순식간에 가나안을 평정했습니다.창 14:5-7 소돔 왕 베라를 비롯한 가나안 연맹은 반격했습니다. 그러나 상대가 되지 못했습니다. 싯딤Siddim 골짜기에서 벌어진 전투에서 가나안은 패배했습니다. 이때 특히 소돔은 많은 것을 잃었는데 그 가운데에는 롯과 그 가족도 있었습니다. 그돌라오멜이 롯과 가족을 포로로 잡아갔습니다.창 14:12

롯과 헤어진 이래로 헤브론의 마므레Mamre 큰 나무 아래서 세상사와 거리를 두고 살던 아브람도 소식을 들었습니다. 그는 '시날'로부터 건너와 거류하는 히브리Hebrew, ibri 사람이었습니다.창 14:13 그는 가능한 세상사와 거리를 두어야 했습니다. 그런데 롯의 소식을 듣고 가만히 있을 수 없었습니다. 아브람은 곧 사람들을 모아 군대를 조직했습

옛날 하란 인근에는 현대식 도시 산르우르파가 있다. 선사시대 유적과 더불어 아브라함에 관한 다양한 전설로 유명한 도시이다. 아브라함은 우르를 지나 이곳 하란도 관통해 하나님의 부르심을 따라 계속 여행했다.

니다. 그리고 갈릴리 위쪽 단Dan까지 쫓아가 시날 연합군과 싸웠습니다.창 14:14-15 싸움에 꽤 유능했는지 아브람은 연합군에게 큰 피해를 주고 조카와 가족 그리고 전리품을 되찾아 돌아왔습니다.창 14:16 아브람의 전공은 대단한 것이었습니다. 훈련도 받지 않은 몇 되지 않는 사람들로 군대를 조직해 당대 최강 시날의 연합군과 싸웠으니 말입니다. 소돔 왕과 가나안의 통치자들은 놀랐습니다. 당장 아브람을 만나러 나왔습니다.창 14:17 살렘Salem 왕이자 가나안 최고의 제사장 멜기세

덱Melchizedek도 아브람의 승전 행진에 동참했고 아브람을 축복했습니다.창 14:18-19

지금 아브람은 가나안의 통치자로서도 이상할 것이 없었습니다. 하지만 아브람은 자신이 히브리 이방인이라는 사실을 두고 표정을 관리하고 행동을 신중히 했습니다. 그는 먼저 자신을 축복해 준 멜기세덱에게 전리품의 십일조를 바쳤습니다. 그리고 뒤로 물러섰습니다. 그러자 소돔 왕 베라가 짐짓 나섰습니다. "사람은 내게 보내시고 물품은 아브라함 당신이 가지시오."창 14:21 아브람은 그때 조심하며 이렇게 말했습니다. "하나님 여호와께 내가 맹세합니다. 왕의 그런 말씀이 저를 높이시는 것인 줄 알고 감사하지만, 저는 여기서 실 한 오라기나 들메끈 한 가닥도 가지지 않겠습니다."창 14:23 그리고 아브람은 자기를 따른 아넬Aner과 에스골Eschol과 마므레Mamre에게 할당되는 분깃 외에 모든 것을 사양합니다. 아브람은 세상에 끼친 선한 영향력 앞에 겸손했습니다. 그는 자기에게 주어진 세상 권세 중심 자리를 애써 외면했습니다. 세상 권세의 중심은 하나님의 부름 받은 사람으로서 자기가 누릴 자리가 아님을 알았습니다. 아브람은 자기를 앞세울 만한 현실에서도 스스로 하나님의 나그네로 자기를 낮추었습니다.

유일하신 하나님께 드리는 기도

하나님 나라를 향한 나그네로서 세상보다는 하나님 나라를 향해 나아가게 하소서.

족장의 길 묵상 **34**　　　　　　　　　　　　　　　　창세기 13장 18절

거기서 제단을 쌓다

하나님의 사람들이 삶의 자리에서 하나님을 예배하는 제단altar을 쌓는 일은 늘 있었습니다. 아담 이래로 가인과 아벨도 제단을 쌓고 하나님께 제물을 바치며 예배했습니다.창 4:3-4 노아의 제단은 유명합니다. 그는 홍수 이후 배에서 나와 희생제물을 바치며 하나님의 보호하심과 구원하심을 예배했습니다.창 8:20 그런데 하나님께 예배하는 제단은 언제나 흙earth이나 다듬지 않은 돌unwrought stone로 쌓았습니다.출 20:25, 신 27:6, 왕상 18:31-32 하나님께서는 당신이 만드시고 섭리하시는 완벽한 자연물 위에 제물을 드리는 것을 옳게 여기신 것입니다. 하나님께서는 예배와 제사에서 인간의 가공을 원하지 않으셨습니다. 아브람은 그가 거류하는 삶의 자리로부터 얻은 다듬지 않은 돌로 하나님을 예배하는 제단을 쌓았습니다. 그의 예배는 도시 가운데 지어진 화려한 신전 제단의 겉치레 제사가 아니었습니다. 그의 예배는 나그네로 부름받은 여행의 자리 한쪽에서 드리는 신실한 실물의 제사였습니다.

실제로 아브람은 가나안 여기저기를 다니는 여행길 곳곳에서 제단을 쌓았습니다. 그는 가나안에 처음 입경해 살던 세겜Shechem에서 하나님의 약속의 말씀을 듣고 "그곳에서" 제단을 쌓았습니다.창 12:7 이어서 아브람은 세겜으로부터 내려와 벧엘Bethel 동편 산지에 거류하면서

디야르바크르로부터 마르딘으로 이어지는 순례길의 도로이다. 아브라함의 소명의 여정은 우르로부터 가나안으로 꾸준히 이어져갔다. 그는 하나님의 부르심이 완성되는 시점까지 계속 부르심의 여행을 이어갔다.

"거기서"도 제단을 쌓았습니다.창 12:8 아브람의 제단 쌓기는 계속됩니다. 그는 애굽에서 돌아와 벧엘과 아이Ai 사이 "전에 장막 쳤던 곳"으로 돌아와서도 제단을 쌓았습니다. 이후 롯과 분리하고서 남쪽 헤브론으로 내려와 거류할 때에도 아브람은 "거기서 여호와를 위해" 제단을 쌓았습니다.창 13:18 이뿐이 아닙니다. 아브람혹은 아브라함은 하나님께서 아들 이삭을 원하시는 자리, "거기서"도 제단을 쌓았습니다.창 22:9 아브람의 여행과 거류 사이사이에는 늘 제단이 등장합니다.

그 모든 곳에서 아브람은 제단을 쌓았고 하나님을 예배했습니다.

아브라함이 쌓은 제단은 그의 여행의 안전한 징검다리였습니다. 그는 세겜 땅 원주민들에게 두려움을 느꼈을 때 두려움보다는 "내가 이 땅을 네 자손에게 주리라"창 12:7는 말씀 위에 서서 제단을 쌓았습니다. 그는 가뭄으로 혹독한 현실을 치르는 가나안 땅에 대한 의심이 들 때나 혹은 부강한 애굽 앞에 무너진 자신을 경험했을 때에도, 하나님 앞에 제단을 쌓았습니다. 이후에도 아브람은 동행하던 조카, 자신의 후계자일지도 모를 롯과의 불화와 분리 경험 속에서도 제단을 쌓았습니다. 아브람은 의심스러운 자리, 절망의 상황, 미래가 보이지 않은 현실이 벌어지는 자리에서 항상 제단을 쌓았습니다. 그는 답답한 현실에 직면할 때마다 주변의 돌들을 하나씩 모았습니다. 그리고 거기서 제단을 쌓고 예배를 드리며 하나님의 이름을 불렀습니다. 아브람은 그렇게 부르심 받은 바로 '거기서'*sham*, there, 창 12:7,8, 13:18, 22:9 하나님을 만날 자리를 만들었고 하나님과 대화했습니다. 하나님을 예배하는 자리는 화려한 도시 광장 중심 교회가 아닙니다. 하나님을 예배하는 자리는 부르심 받아 가는 길, 현장, 그곳입니다.

유일하신 하나님께 드리는 기도
하나님 우리가 부르신 곳, 거기서 예배드립니다. 우리 예배를 받으시고, 신원을 들어주소서

창세기 21장 1~8절

족장의 길 묵상 35

믿음으로 웃다

아브람에게는 여전히 풀리지 않는 숙제가 하나 있었습니다. 자식을 얻지 못하는 문제였습니다. 칠십오 세에 하나님 부르신 여행을 떠난 이래로 아브람Abram과 그의 아내 사래Sarai는 여전히 자식이 없었습니다. 팔십육 세에 여종 하갈Hagar에게서 이스마엘Ismael을 얻지만, 그 아이는 약속의 아들이 아니었습니다. 그렇게 아브람의 나이가 구십구 세가 되었을 때 하나님께서 그에게 말씀하셨습니다. "너를 크게 번성하게 하리라."창 17:2 그리고 이렇게도 말씀하셨습니다. "너는 여러 민족의 아버지가 될지라."창 17:4 하나님의 약속의 말씀은 이렇게 이어졌습니다. "네 이름을 아브람이라 하지 아니하고 아브라함Abraham이라 하리라…네 아내 사래는 이름을 사래라 하지 말고 사라라 하라." 창 17:5,15 '아브람'은 '지고한 아버지'라는 뜻입니다. 그리고 '아브라함'은 '만인의 아버지'라는 뜻입니다. 또한, '사래'는 '나의 귀한 공주'라는 뜻입니다. 그리고 '사라'Sarah는 "고귀한 열국의 어머니"라는 뜻입니다.

이제 이름이 바뀐 아브라함이나 사라로서는 받아들이기 어려운 말들이었습니다. 그들은 하나님의 이런 '너스레' 같은 말씀들을 들으며 입을 꾹 다물었습니다. 이제는 아이를 낳기는커녕 돌보는 일도 쉽지 않은 나이로 접어 들어가는 현실에서 하나님의 말씀은 어렵기만 했

마르딘에서 바라본 메소포타미아 평원이다. 아브라함은 이곳을 지나 하란으로 그리고 가나안으로 나아갔다. 그의 길에는 뜨거운 태양신을 비롯한 여러 신들의 유혹과 위협이 상존했다. 그러나 그는 오직 한 분 하나님만 의지하며 앞으로 나아갔다.

습니다. 그런데 하나님과 그들 부부 사이에는 이런 일도 있었습니다. 아브라함이 헤브론 마므레에서 장막 생활을 할 때 소돔과 고모라로 가는 세 명의 여행객이 찾아왔습니다. 아브라함은 그들을 환대했고 성심껏 접대했습니다. 그때 그 세 사람은 이렇게 말했습니다. "내년 이맘때 내가 반드시 네게로 돌아오리니 네 아내 사라에게 아들이 있으리라." 창 18:10 그 여행객들은 하나님의 사자였습니다. 그들은 소돔과 고모라 멸망을 위해 가는 길에서 잠시 들러 아브라함과 사라에게 하나님의 약속을 확실히 전달했습니다. 아브라함은 말을 잇지 못했습니다. 그런데 장막 뒤에서 음식을 준비하던 사라는 그 이야기를 듣고 속으로 "웃었습니다."창 18:12

답답하고 절망스러운 현실에서 갑작스럽고 낯선 소식은 덧없는 웃음을 자아냅니다. 사라는 자신과 남편의 생명 생산 능력이 끝났다고 여겼습니다. 남편 아브라함과 사라 사이에서 '생육과 번성' 그리고 '땅에 충만하는 일'은 더는 어려우리라 생각했습니다. 그때 하나님의 사자는 부부에게 이렇게 말합니다. "여호와께 능치 못한 일이 있겠느냐."창 18:14 실제로 하나님께서는 이 때 사라의 여성으로서 역할이 계속되도록 하셨습니다. 창세기 19장 그랄 왕 아비멜렉이 여성으로서 기능을 다한 사라를 데려갔다는 것이 그 증거입니다. 그리고 아브라함이 백세가 되던 해 드디어 하나님께서는 아들을 주셨습니다. 부부는 노년에 얻은 '생명'을 기뻐했습니다. 아브라함은 힘들게 얻은 아들에게 이삭Isaac이라는 이름을 지어주었습니다. 이삭은 '웃음'이라는 의미를 갖습니다. 일년 전 사라의 허탈한 '웃음'은 이제 참된 '웃음'이 되었습니다. 아브라함과 사라는 이삭으로 더불어 '생육과 번성'의 창조 사명을 이어갈 수 있게 되었습니다. 아브라함은 이제 진정한 아버지, 족장 아브라함Abraham the Patriarch이 되었습니다.

유일하신 하나님께 드리는 기도
하나님, 고생과 수고로 이어지는 사명의 삶에도 복된 소식을 주셔서 '웃음'이 있게 하소서.

창세기 21장 9~21절

하갈과 이스마엘을 어찌할까

하갈Hagar은 사라의 여종이었습니다. 자식이 없던 사라는 조바심에 아브라함에게 하갈을 통해 자식을 얻으라고 제안합니다.창 16:1-2 아브라함은 그것을 받아들였습니다. 하갈은 임신하게 됩니다. 그런데 하갈은 아이를 가졌을 때 "그의 여주인을 멸시"했습니다.창 16:4 아브라함의 귀한 공주 사라는 받아들일 수 없었습니다. 그녀는 남편의 묵인 아래 여종을 학대했습니다. 하갈은 도망쳤습니다. 그리고 광야의 어느 샘까지 도망쳤습니다. 그때 하나님께서 그녀의 사정을 살피셨습니다. 하나님께서는 그녀가 낳을 아들이 큰 민족을 이룰 것이니 돌아가 주인에게 복종하라고 말씀하셨습니다. 하갈은 돌아갔습니다. 그리고 아들 이스마엘을 낳았습니다. 하갈은 '도망치다'to flee라는 뜻입니다. 이스마엘은 '하나님께서 들으시다'God hears라는 뜻입니다.창 16:11 그녀가 도망 중에 이름 붙인 샘의 이름은 '브엘라해로이'Beerlahairoi입니다.창 16:13-14 살아계셔서 나를 돌아보시는 분의 우물이라는 뜻입니다.

하갈은 족장의 길에 갑자기 뛰어든 여인이었습니다. 하갈은 우여곡절 끝에 하나님의 도우심으로 아브라함에게 이스마엘을 안겼습니다. 그러나 하갈과 이스마엘의 운명은 가혹합니다. 그들은 아브라함과 사라가 적장자 이삭을 얻자 곧 천덕꾸러기로 전락합니다. 그리고 사라의 극렬한 반대 속에 아브라함의 집에서 쫓겨납니다. 아브라

옛 하란성의 서쪽 문 유적이다. 하란성은 달신을 숭배하는 도시답게 달의 원형圓形을 닮았다. 사람들은 오랜 여행 끝에 도착한 포근한 도시 하란을 좋아했다.

함은 냉정합니다. 첩 하갈과 서자 이스마엘에게 눈길 하나 주지 않고 그들이 얼마간 먹을 양식을 챙겨주고 돌아서버립니다.창 21:14 갈 데 없는 처지가 된 모자는 결국 브엘세바 인근 광야를 전전하다가 결국 먹을 것이 떨어져 죽을 위기에 처합니다. 하갈은 아들을 그늘에 누이고서 자기는 땡볕에 앉아 서글프게 웁니다. 그때 하나님께서는 그들의 사정을 다시 살피십니다. 하나님께서는 어린 이스마엘의 기도를 들으셨습니다.창 21:17 하나님께서는 섭리의 길에 들어선 두 사람을 외면하지 않으셨습니다.

족장의 길에는 불필요한 삽입이 많습니다. 하나님께서는 그 불필요들에게도 나름의 길을 열어주십니다. 롯의 두 아들 모압Moab과 벤암미Ben-ammi가 그렇습니다. 아브라함의 방계 족장으로서 롯은 딸들과의 낯 뜨거운 생산 과정을 통해 모압과 암몬 족속의 조상이 됩니다. 이 외에도 아브라함을 떠난 이스마엘은 들나귀 같은 삶에도 성장해 아랍 족속의 조상이 됩니다.창 25:12-16 불필요한 삽입은 또 있습니다. 아브라함의 후처 그두라Keturah에게서 나온 자손들입니다. 그들은 모두 남방의 미디안Midian과 같은 여러 족속을 이루게 됩니다.창 25:1-4 사실 창세기의 이런 불필요한 삽입은 악한 계보의 번영과 맞닿아 있습니다. 이들 불필요한 삽입들은 결국에 악한 계보의 번영을 이야기합니다. 그리고 악한 계보들 사이 선한 계보의 결핍과 어려움을 이야기합니다. 가인의 계보 이후 아담과 하와의 빈자리가 그랬고, 함의 계보의 번성 사이 아브라함과 사라의 결핍이 그랬습니다. 이제 이스마엘과 그두라 아들들의 번성은 그들의 이복형제 이삭의 결핍과 비교 됩니다.창 25:21, 롬 9:8-13 결국 세상 죄와 악이 번성하는 가운데 하나님 백성의 선한 생명의 번성을 원하는 탄원은 계속됩니다.갈 4:27-28

유일하신 하나님께 드리는 기도

불의한 번영 사이 하나님 백성의 탄원이 있습니다. 부흥을 소망하는 기도를 들어주소서.

창세기 21장 22~34절

족장의 길 묵상 37

조심스럽게 자기 것을 얻다

아들 이삭을 기대하는 시점에 아브라함은 헤브론보다 남쪽 가데스Kadesh와 술Shur 사이에서 거류했습니다.창 20:1 그때 그곳은 그랄 왕 아비멜렉Abimelech의 영역이었습니다. 이때 아브라함은 아비멜렉과 그 땅 사람들과 좋지 않은 경험을 하게 됩니다. 아비멜렉이 아브라함의 아내 사라를 데려가 버린 것입니다.창 20:2 제아무리 힘과 권위를 가진 왕 아비멜렉이라 할지라도 그런 행동은 이미 가나안 내에서 이미 명성을 얻고 있는 아브라함에게 옳지 않았습니다. 하지만 아브라함은 나그네요 히브리인으로서 다른 도리가 없었습니다. 현실을 받아들일 뿐이었습니다.창 20:11 그는 결국 애굽에서와 동일한 자세로 상황을 지나가려 합니다. 그런데 이때 하나님께서 문제를 해결하셨습니다. 아비멜렉과 그 집안을 직접 경고하신 것입니다.창 20:3-8 놀란 아비멜렉은 아브라함에게 사라를 돌려주고 더불어 양과 소와 종들도 선물로 주었습니다. 아비멜렉은 이 사건으로 아브라함을 함부로 여기지 않게 되었습니다.창 20:15

이 사건 후 아브라함은 드디어 아들 이삭을 얻게 됩니다. 하나님께서 드디어 생명의 문을 열어 주신 것입니다. 아브라함은 이제 '진정한 아버지'가 되었습니다. 그는 이제 '모든 민족의 아버지'가 될 길, 더 나아가 모든 '하나님을 믿는 사람들의 진정한 조상'이 될 길을 찾

하란성의 옛 로마군 기지이다. 이 자리에는 원래 달신을 숭배하는 신전이 있었다. 하란 사람들은 마르딘 사람들처럼 한 낮 강렬한 태양신을 숭배하는 대신 한 밤의 포근한 위로가 되는 달신을 선택하고 숭배했다.

게 되었습니다. 아브라함은 이제야 아브라함의 이름값을 할 수 있게 되었습니다. 아브라함은 그가 소명으로 살아가는 가나안 땅에서 제대로 자리매김할 수 있게 되었습니다. 그동안 아브라함은 스스로 가진 부와 담력과 지혜만으로 가나안 사람들을 상대했습니다. 사람들은 그가 보이는 모든 재주에도 불구하고 아브라함의 자리를 온전히 인정하지 않았습니다. 모든 것을 가진 아브라함이었지만 진정한 그만의 세계를 구축할 준비, 아들과 자손은 아직 그에게 주어지지 않았기 때문입니다. 그러나 이제 아브라함은 진정한 족장으로 설 수 있게 되었습니다.

아브라함의 자신감으로 변화된 모습을 엿볼 수 있는 대목이 하나 있습니다. 그랄왕 아비멜렉을 다시 상대할 때였습니다. 아비멜렉은 아브라함이 아들을 얻었다는 소식을 듣고 찾아와 자신의 왕국과 아브라함의 집안 사이에 앞으로 평화가 있기를 구합니다.창 21:23 그때 아브라함은 자신감 있는 맹세를 보이면서창 21:24, 넌지시 최근에 발생한 우물 분쟁 문제를 다룹니다. 아비멜렉은 은근 그것이 자기 의도가 아니라고 발뺌합니다. 그러자 아브라함은 재빨리 그와 그랄 사이에 우물에 관한 맹약을 제안합니다. 우물이 영원히 아브라함 집안의 것이라는 약속입니다. 아브라함은 우물이 자기 것이 되자 그 이름을 '브엘세바'Beer-sheba 즉 '맹세의 우물'이라고 못 박아 둡니다.창 21:31 그리고 맹세를 기념해 아주 희귀하고 큰 에셀나무tamarisk 한 그루를 그 자리에 심습니다.창 21:33 브엘세바는 아브라함이 가나안 땅에서 '자기 것'이라 주장한 몇 안 되는 것 가운데 하나입니다. 족장이라고는 하나 나그네로 낮아지고, 그 땅을 위해 봉사하는 가운데 빼앗기기만 하던 고단한 삶이었는데, 브엘세바를 얻은 날은 미소가 번지던 하루였습니다. 아들도 얻고 우물도 얻은 나그네 아브라함은 무척 기뻤을 것입니다.

유일하신 하나님께 드리는 기도
오직 하나님만 의지하는 하늘 나그네의 삶, 주께서 우리 필요와 우리 만족이 되어 주소서.

족장의 길 묵상 38

창세기 22장 1~22절

침묵의 순종으로 아들을 바치다

아들을 얻은 아브라함의 삶은 확실히 모든 것이 달라져 있었습니다. 그는 세상을 얻은 양 매일매일을 자신감으로 살았습니다. 그의 그런 모습은 사라를 비롯한 그의 집안사람 모두가 느낄 수 있는 것이었습니다. 그의 만족한 모습은 그가 거류하는 땅 모두가 느낄 수 있는 것이었습니다. 아브라함의 만족스러운 시간은 꽤 오래 지속되었습니다. 아마도 십 년 이상이었을 것입니다. 그는 이 모든 시간에 그의 돕는 베필 사라와 더불어 '아이'가 자라는 것을 지켜 보았습니다. 그 아이는 이제 커서 그가 나그네로 살며 가나안에서 일군 모든 것을 이어받을 것입니다. 무엇보다 그 아들은 하나님께서 그에게 주신다고 약속하신 축복, "생육하고 번성하여 온 땅에 그의 자손이 충만하게 되리라"는 축복의 시작점이 될 것입니다. 아브라함은 매일매일 기쁜 마음으로 '아이'를 바라보았습니다. 그러던 어느 날 아브라함은 하나님의 부르심을 듣습니다. 아브라함은 바로 대답했습니다. "내가 여기 있나이다."창 22:1

하나님께서는 아브라함을 시험하고자 하셨습니다. 하나님께서는 "사람의 마음이 계획하는 바가 어려서부터 악함"을 아시는 분이셨습니다.창 8:21 하나님께서는 아브라함이 혹여 가인과 같이 마음속에 하나님 없는 자신만의 성과 세계를 구축하려는 것은 아닌지 보기를 원

하란은 아브라함 시대 이후에도 온갖 종류의 사교와 철학 등이 모여드는 곳으로 유명했다. 덕분에 학문도 발전했지만 온갖 혼종의 종교와 사상이 발생하기도 했다. 사진은 이슬람 시대 역사 최초로 세워진 하란대학의 유적이다.

하셨습니다. 하나님께서 말씀하셨습니다. "네 사랑하는 독자 이삭을 데리고 모리아 땅으로 가서...그를 번제로 드리라."창 22:2 하나님의 말씀을 들은 아브라함은 아무 말을 하지 않습니다. 그는 요동치는 마음을 드러내지 않고, 사라에게 말도 하지 않고, 조용히 종들과 나귀와 아들과 그리고 제단에 쓸 나무만 챙긴 채 일찍 하나님께서 일러 주신 곳으로 길을 나섭니다.창 22:3 그렇게 삼 일 길을 말 없이 걷던 아브라함은 제사를 지낼 모리아Moriah 산이 멀리 보이자 종들과 나귀를 두고

기도하며 걷는 길 **143**

"아이"와 함께 저기 가서 예배하고 돌아오리라"하고 이삭을 데리고 다시 길을 나섭니다.창 22:5 아브라함이 "아이"라고 친근하게 한 표현이 아프게 와 닿습니다.

이후 여정에서 아브라함은 줄곧 침묵합니다. 양이 어디 있느냐는 아들의 질문에 "하나님께서 직접 준비하실 것"이라고 간단히 대답할 뿐입니다.창 22:8 그렇게 산에 도착하자 그는 아무 말 없이 제단을 쌓은 뒤 아들을 결박해 제단 위에 올려 둡니다. 묵직하고 무서운 침묵 가운데 아브라함이 아들을 죽이려는 순간, 하나님의 사자가 다급히 그를 부릅니다. 아브라함은 그제야 그 무거운 입을 뗍니다. "제가 여기 있나이다."창 22:11 하나님께서는 아브라함을 시험하려 하신 것과 그를 인정한다는 말씀과 더불어 준비하신 양을 보여주십니다. 하나님께서는 그 자리에서 다시 한번 생육과 번성의 약속과 축복을 굳건히 하십니다.창 22:16-18 창세기 22장은 어려운 마음, 침묵하는 모습으로 하나님의 명령을 따르는 아브라함을 담담하게 그립니다. 사실 아브라함은 무척 아팠을 것입니다. 그러나 아브라함은 그 아프고 뜨거운 모든 것을 받아 삼킵니다. 하나님의 어려운 명령 앞에 족장 아브라함은 사랑의 번민을 잠재우고 조용히 순종의 길을 걷습니다. 아브라함 인생길에서 가장 길고 어려운 몇 날이었습니다.

유일하신 하나님께 드리는 기도
침묵과 순종으로 그 길을 갔던 아브라함처럼, 조용히 순종으로 십자가 길을 가게 하소서.

창세기 23장 1~20절

족장의 길 묵상 39

돕는 베필 사라가 죽다

아브라함의 오랜 배우자이자, 남매이고 무엇보다 인생 여정의 중요한 동반자였던 사라가 죽었습니다. 사라는 헤브론과 동일한 장소라고 여겨지는 기럇아르바Kiriath-arba에서 죽었습니다. 아브라함은 사라의 주검이 있는 자리로 들어가서 거기 사라 앞에 앉아 슬퍼하며 애통함을 표현했습니다.창 23:2 그는 아마도 옷을 찢기도 하고 머리를 헝클고, 수염을 자르고, 머리에 재를 뿌리는 등의 모든 고인을 애도하며 하는 슬픔의 행동을 다 했을 것입니다. 그는 슬픔의 자리에는 애써 침묵하지 않았습니다. 그는 평생을 함께한 사라를 위해 모든 슬픔을 드러냈습니다. 아들 이삭의 슬픔은 더했을 것입니다. 이삭은 어머니 사라에게 '웃음'을 주는 존재였습니다. 그런 사라를 잘 알고 있던 이삭은 어머니의 죽음을 진심으로 애도했습니다. 어머니를 잃은 아들 이삭의 슬픔은 깊고 깊습니다. 그는 장례를 마친 후에도 한동안 어머니를 잊지 못할 정도로 큰 슬픔에 빠졌습니다.창 24:67

그런데 족장 아브라함은 달랐습니다. 그는 아내의 주검 앞에 그의 모든 애도를 표현한 후 곧 슬픔의 자리에서 일어났습니다.창 23:3 그는 죽은 아내의 상을 치러내야 하는 어른이었습니다. 자리에서 일어난 아브라함은 곧 아내를 안치할 자리를 찾았습니다. 인근에 사는 가나안 헷 사람들의 막벨라 굴the cave of Machpelah이 후보지로 떠올랐습니

데이롤자파란 수도원의 중심이 되는 교회의 천정이다. 교회는 이슬람이 지배해 온 시절 내내 굳건하게 신앙을 지켜온 시리아 정교회 지도자들의 무덤이 남아 있다. 그들의 신실함과 경건함에 관한 이야기들은 존경심이 들게 한다.

다. 아브라함은 곧 헷 사람들을 만났습니다. 그는 그들에게 이렇게 말합니다. "나는 당신들 중에 나그네요 거류하는 자이니 당신들 중에서 내게 매장할 소유지를 주어 내가 죽은 자를 장례하게 하시오." 창 23:4 그러자 헷 사람들은 그가 이미 그 땅의 지도자이고 명성이 있는 사람이니 자기들이 묘실로 갖춘 곳 가운데 아무 것이나 골라 사용해도 좋다고 말합니다. 창 23:6 그러자 아브라함은 이번에는 그들에게 몸을 굽히고 절하면서 소할Zohar의 아들 에브론Ephron에게 제 값을 치를테니 막벨라 굴을 얻게 해 달라고 구체적으로 요청을 넣습니다.창 23:8-9 그러자 이번에는 거래 대상자인 에브론이 나서서 자신의 굴을 장례지로 사용해도 좋다고 말합니다. 그런데 그는 값을 이야기하지 않습니다.창 23:11 아브라함은 모든 헷 사람이 보는 앞에서 더욱 겸손하게 고개를 숙이고 절하면서 값을 받고 굴을 달라고 다시 요청합니다.창 23:13 그 말을 들은 에브론은 드디어 값이 사백 세겔이라고 말하면서 아브라함과 장례지 거래를 마칩니다.창 23:14-16

아브라함은 모든 슬픈 자를 대표하는 상주였고 족장이었습니다. 그는 아내를 장례 치를 장소를 찾았고 그 땅의 거류자 다운 신중하고 겸손한 거래를 이룹니다. 유족들이나 이웃이나 거래 당사자 모두가 보기에 선한 모습이었습니다. 그런데 흥미롭게도 아브라함은 이 거래를 통해 자신의 두 번째 소유를 갖게 됩니다. 하나는 브엘세바의 우물이고, 다른 하나는 막벨라 굴입니다. 그는 아들을 얻었을 때 한 번, 아내가 죽었을 때 한 번 자기 소유물을 갖습니다. 우물과 장례지는 그의 후손이 생명을 이어가는데, 그리고 후손이 생명을 다했을 때 필요한 것들이었습니다. 부르심 받은 그 땅, 족장의 길에서 아브라함은 그 두 가지만을 소유합니다.

유일하신 하나님께 드리는 기도
믿음의 사람으로 합당한 삶을 살게 하시고 합당한 모습으로 세상에 빛을 발하게 하소서.

족장의 길 묵상 40 　　　　　　　　창세기 24장 61~67절

이삭과 리브가: 새로운 희망

　창세기 6장에 나오는 하나님의 아들들과 사람의 딸들 사이 통혼은 성경 전체를 읽어내려가는 일에서 중요한 이야기입니다. 그것은 셋의 자손들이 가인의 자손들과 뒤섞여 살았음을 의미합니다. 하나님의 사람들은 그들만의 계보를 이루어야 했습니다. 그런데 죄와 악이 가득한 세상으로 부름 받아 살면서 신실한 하나님의 사람들을 만나고 그들 사이에서 돕는 베필을 얻는 일은 쉽지 않습니다. 그래서 아브라함과 아내 사라가 우리 시대 상식과 달리 서로 남매지간이었다는 것은 윤리적인 관점에서 보아야 할 것이 아니라 하나님의 신실한 사람들을 찾기 어려운 시대와 상황을 반영한 영적 해석을 필요로 하는 부분입니다. 아브라함의 아들 이삭은 리브가와 사이에 낳은 쌍둥이 큰아들 에서가 가나안의 여자들과 마음대로 결혼해 버리는 것을 근심스럽게 바라본 이유도 바로 이런 것입니다.창 26:34-35 하나님의 백성은 생육하고 번성하는 일에서 하나님의 거룩하고 온전한 방식을 유념해야 합니다.

　아브라함은 아들 이삭의 장래가 걱정스러웠습니다. 미리 이야기하지만, 아내가 죽고 새로 얻은 후처 그두라의 아들들이나 하갈에게서 얻은 이스마엘은 모두 각자의 자리로 나아갈 준비가 되어 있었고 그들 나름 큰 민족을 이룰 것이었습니다.창 25:1-18 그런데 다른 아들들

족장들의 신앙은 세속의 거대한 흐름 한 복판에 우뚝 선 요새와 같은 모습이다. 그들은 세상이 제아무리 죄와 악으로 치달아도 흔들림없이 굳건하게 신앙의 자리를 지켜왔다.

과 달리 적장자인 이삭에게는 마땅한 베필이 보이지 않았습니다. 그렇다고 가나안에서 아무나 이삭의 베필로 삼을 수는 없는 일이었습니다. 그것은 조상들의 잘못을 반복하는 꼴이 될 것이었습니다. 하지만 이삭이 적절한 베필을 얻지 못한다면 그것은 생육과 번성의 과제가 또다시 어려워지는 것인 만큼, 아버지 아브라함으로서도 근심이 아닐 수 없었습니다. 그때 한 가지 생각이 떠올랐습니다. 전에 아들 이삭과 모리아에 다녀왔을 때 한 사람이 와서 하란에 사는 그의 형제

나홀Nahol에게 자녀가 있다는 이야기가 떠오른 것입니다.창 22:20-24 그가 들은 소식 가운데에는 조카 브두엘이 리브가Rebekah라는 딸도 낳았다는 이야기도 포함되어 있었습니다.

희망이 보였습니다. 아브라함은 엘리에셀을 하란으로 보냈습니다. 아브라함은 엘리에셀에게 말합니다. "여자가 너를 따라 오려고 하지 아니하면...오직 내 아들을 데리고 그리로 가지 말지니라."창 24:8 아브라함은 시날 땅으로의 불미스러운 복귀 가능성을 차단합니다. 이삭과 그의 돕는 베필은 가나안에서 생육하고 번성해야 합니다. 엘리에셀은 하란으로 가서 주인 아브라함의 소원을 해결합니다. 그는 리브가를 주인 아브라함과 그 아들 이삭에게 데려오는 데 성공합니다.창 24:61 현명하고 바지런한 리브가는 브엘라해로이에 와서 각별히 삼가는 가운데 평생을 함께할 남편 이삭을 만납니다.창 24:65 이삭은 어머니를 잃은 후 오랫동안 슬픔에 빠져 들판에서 홀로 있었고 그만의 묵상에 젖어 있었습니다. 그렇게 미래로 나설 의지를 잃은 이삭에게 리브가가 왔습니다. 이삭은 리브가에게 희망을 봅니다. 그는 기쁨으로 리브가를 맞이하고서 만인의 어머니였던 사라의 장막으로 그녀를 인도합니다. 사라에 이은 아브라함의 죽음을 앞두고, 족장의 길이 죽음의 절망이 아닌 생명의 희망으로 다시 시작되는 순간입니다.

유일하신 하나님께 드리는 기도
우리가 걷는 믿음의 순례길 끝에서 죽음의 절망이 아닌 생명의 희망을 보게 하소서.

Forty day Meditations for Spiritual Pilgrims

Epilogue

Epilogue

믿음으로 그 길을 따르다

믿음으로 아브라함은 부르심을 받았을 때에 순종하여
장래의 유업으로 받을 땅에 나아갈새 갈 바를 알지 못하고 나아갔으며
믿음으로 그가 이방의 땅에 있는 것 같이 약속의 땅에 거류하여
동일한 약속을 유업으로 함께 받은
이삭 및 야곱과 더불어 장막에 거하였으니
이는 그가 하나님이 계획하시고 지으실 터가 있는 성을 바랐음이라
히브리서 11장 8~10절

 하늘 나그네들의 지침서 히브리서는 하나님의 백성이 믿음의 여행길에서 어떤 마음을 품고 살아야 하는지에 관해 가르칩니다. 히브리서는 하나님 백성의 여행길에서 필수 준비 품목을 '믿음'faith이라고 요약합니다. 히브리서에 따르면 하나님 백성의 십자가 은혜로 부르심 받은 여행길은 하나님의 도성이 지어지는 때까지 이어집니다. 그때까지 하나님의 백성은 부르심 받아 거류하는living as aliens 땅에서 선하고 신실한 삶을 이어가야 합니다. 그는 때로 의심받고, 고난 당하고, 죽을 위기에 처하기도 하며, 여러 가지 난관과 시험 가운데 고단하기도 하지만, 하나님의 부르심을 받아 세상 장망성將亡城을 벗어나 하나님 나라로 향하는 여행은 계속됩니다. 히브리서는 이 여행의 대표적인 사람들을 열거합니다. 아벨과 에녹, 노아와 아브라함 그리고

아브라함 이후 꾸준히 이어지는 '믿음의 계보' 사람들입니다.히 11:1-32 아브라함은 그 가운데 가장 중요한 인물입니다. 그는 갈대아 우르 본토와 하란 아버지의 집을 떠나면서 평생을 하나님의 부르심 받은 나그네로 살았습니다. 그는 히브리서의 말씀대로 "갈 바를 알지 못하고" 우르와 하란으로부터 길을 떠났습니다. 그리고 평생을 하나님의 부름 받은 땅 가나안에 살며 그 땅의 나그네로 살았습니다. 그는 평생을 믿음으로 장막 가운데 '우거'하면서 하나님께서 주신 사명을 감당하며 살았습니다. 그리고 그에게 주어질 영원한 장막 하나님 나라를 소망했습니다. 아브라함이야말로 족장의 길에서 가장 중요한 모범입니다. 아브라함 이후 모든 믿음의 여행자들은 그의 길을 따라 본토 친척의 도시를 떠나고 아버지의 집을 떠나 하나님 부르신 믿음의 여행길을 나아갑니다.

아브라함의 길은 사실 그보다 선배격인 셋과 에노스, 에녹과 노아, 셈과 그의 조상들이 걸었던 길이었습니다. 그들은 한결같이 가인과 함의 자손들이 세운 도시들, 죄와 악이 가득한 세상에서 하나님의 사람들로 살았습니다. 그리고 그 악한 도시들 가운데서 하나님의 섭리와 뜻을 전하고 가르치는 사역을 이어갔습니다. 아브라함은 그 모든 창세기 원역사 주인공들의 후예입니다. 우리는 특별히 아브라함에게서 하나님의 부르심 받아 여행하는 삶의 세밀함을 보게 됩니다. 창세기 신앙의 사람들의 이야기는 사실 담백합니다. 하나님의 부르심과 하나님의 섭리로 인도하심에 대해 그들은 그 어떤 감정적인 동요나 소비로 보이지 않은 채 묵묵히 믿음의 길을 갑니다. 아브라함 역시 마찬가지입니다. 창세기 아브라함은 그의 인생 대부분 과묵한 신앙인의 걸음을 걸었습니다. 그러나 그의 믿음의 여행에는 이전 선배들의 것과 달리 여러 정황에 관한 묘사가 있습니다. 예를 들면 뜻하지

않은 애굽행이나 롯과의 갈등, 하갈 이야기, 이스마엘 이야기, 소돔과 고모라 사건 및 아들 이삭과 관련된 무시무시한 이야기 등입니다. 아브라함은 물론 그 모든 여정을 선배 셋이나 노아처럼 묵묵히 받아들이고 신실하게 그 길을 걷습니다. 그러나 우리는 그의 여러 이야기들 가운데서 그가 겪는 심경의 변화, 믿음의 자람, 진정한 족장이 되는 모습 등을 읽을 수 있습니다. 그는 하란에서 부르심 받은 이래 점점 성장하는 하나님의 사람이었습니다.

족장 아브라함의 길은 그렇게 그의 아들 이삭과 손자 야곱 그리고 요셉을 비롯한 창세기 족장들에게로 이어집니다. 그리고 그들 족장의 길은 이제 역사 속 바벨론과 갈릴리, 그리고 세상 땅 끝에서 믿음으로 하나님 나라를 향해 길을 가는 모든 이들의 영적 여행으로 이어집니다. 이런 면에서 창세기 1장부터 아브라함으로 이어지는 이야기들은 신앙의 영적 여행을 시작하거나 계속하는 모든 이들을 위한 '단계화된 매뉴얼'이 됩니다. 아담으로부터 노아로 이어지는 첫 계보는 창조 이래 하나님 백성이 살아가는 삶의 구조와 형태를 알려주는 개요와 같은 것입니다. 이어서 노아로부터 아브라함으로 이어지는 두 번째 계보는 니므롯으로 대표되는 함의 자손과 더불어 믿음의 계보가 벌이는 역학 관계에 관한 이해를 돕습니다. 마지막으로 아브라함으로부터 시작되는 족장의 계보는 믿음의 계보가 어떻게 시작되고 어떤 상황을 살아가며 어디로 이어지는 지에 관한 세밀한 매뉴얼과 같은 역할을 합니다. 이제 아브라함으로부터 이어지는 이삭과 야곱 그리고 요셉의 계보는 하나님의 사람들이 세상 한복판 가인과 함의 도시들 가운데서 어떤 삶을 살아가야 하는지에 관한 구체적인 교훈들을 제공합니다. 하나님의 백성은 예레미야가 이야기한 것처럼 그 부르심 받은 "성의 평안을 구하는" 가운데 거기로부터 구출되어 하나님의 도성으로 돌아가는 미래를 소망하는 사람들입니다.렘 29:4-11 마지막 하나님의 약속과 축복의 땅, 거룩한 하나님 나라로 돌아가는 그날까지 하나님 백성의 믿음의 여정은 계속될 것입니다. 그때까지 아브라함을 비롯한 족장들의 이야기는 꾸준히 의미로 교훈으로 우리에게 읽히고 들려질 것입니다.

'믿음으로 함께 걷는 족장의 길'을 함께해 주셔서 감사합니다.
'이삭과 야곱 그리고 요셉이 걸었던 창세기 족장의 길'도 기대해 주시기 바랍니다.